家康の母　於大

その生涯と背景を史跡探訪で明かす

鷲塚　貞長

ゆいぽおと

於大肖像画　絹本着色伝通院画像（楞厳寺）

【東浦町】

緒川城址

於大出生地　碑

乾坤院　総門

小川（緒川）城主三代の墓所

水野氏四代の墓所（乾坤院内）

善導寺

【刈谷市】

刈谷城址

椎の木屋敷跡入口

「於大乃方由緒乃地」の碑

於大の像

【阿久比町】

久松氏の菩提寺
洞雲院山門

城山公園（ 坂部城跡 ）入口

洞雲院
於大の墓

【常滑市】

「常滑城址」の碑

天澤院山門

天澤院本堂

天澤院参道

常滑初代城主水野監物忠剛公並びに
御内室の五輪塔

天澤院楼門

家康の母 於大

その生涯と背景を史跡探訪で明かす

鷲塚貞長

はじめに

私は、赤穂浪士の討ち入り（正しくは、元禄赤穂事件）で有名な、播州（兵庫県）の明石藩の士族の流れをくむ十四代目。宮本武蔵が庭を設計したと伝えられる菩提寺に、数ある鷲塚家墓石の戒名の中に、「鷲塚幸兵衛　源　定次」などが見受けられることより、源氏の武門の血筋です。

源氏、平家という氏族は、時の天皇がことのほか絶倫で、そのまま皇族にするには、あまりにも多くの子を乱造し（清和源氏の元祖、清和天皇の子は、確かな者だけで百人余）、武家に降格し、臣下としたのがルーツなので、あまり自慢にはなりませんが……。

このような出自の関連より、戦国の世の覇者の生き様に関しては、津々たる興味があり、多忙を極める日々の診療生活のなかで時間を作り、新たなる発想のもと、つわもの共の夢のあとの史跡探訪などを、機会あるごとに重ねてきました。

愛知県には、請われて勤務医として来名し、その後、縁も所縁もない名古屋の地に根を下ろし、ワシヅカ獣医科病院を開業し、今日に至っています。

知多半島には、平治の乱で平家に敗れた頼朝の父義朝が、今は海水浴で賑わう内海海岸より少し北方、小さな灯台が目印の野間の地に逃れ、長田忠致の許に身を寄せますが、平家の恩賞目当ての長田の裏切りに遭い、湯殿で殺されます。そのとき「我に木太刀一本なりともありせば」と、無念の言葉を残したことは有名です。義朝の墓所がある野間大坊（公称は大御堂寺）は、史跡としてその名が知られています。

徳川家康に関しては、縦から横から斜めから、有ること無いことを含め、実に多数の著作が存在しますが、こと戦国時代の女性に関しては、極めて一部の人物を除けば、人権どころか遺伝子の存在さえも無視されていたので、善悪はともかくとして、日本史上に大きな足跡を残した家康の生母に関してさえ、その実態を知る記録や著書は極めて少ないのです。

しかしながら、この於大の母系遺伝子が、家康という人物を通じ、日本史にいかに絶大なるポジティブな影響を与えたかは、計り知れないのです。

桶狭間の合戦が生じたのは、家康が未だ今川の人質で、松平元康と名乗っていた時代（十九歳）ですが、今川勢の武将の一人として出陣しており、信長の勢力圏内の大高城に、兵糧を搬入する難題を命じられ、やっとの思いで任務を果たします。二歳のときに引き離された生母於大の再婚先の阿久比に、馬を飛ばし、涙の再会を果たす名場面は、大河ドラマで有名ですが、こんなことは到底不可能であることは本文で述べたいと思います。

於大が生まれたのは、知多半島の根元、今の東浦町辺りを支配した戦国大名、水野氏の居城である緒川城ですが、名古屋からは、極めて近い距離にもかかわらず、その存在すらほとんど知られていません。

徳川の姓は本名でなく通称で、家康の出自の松平家は、今でさえ救いようのない山奥の松平郷です。父も祖父も若くして家臣に殺され（病死説もあるが）、大した人物は出ていないので、家康が天下人になったのは、武人として傑出した人物を輩出した、水野の血であると私は確信しています。

水野の分家の居城があった常滑には、応仁の乱で荒廃した京都から、公家や文化人の多くが移り住み、あたかも小京都のようであったといわれました。また、家康より家光に至る三代を支え、大老にまでなった土井利勝は、実は於大の腹違いの兄・信元

（逸材であったために、脅威を感じた信長と家康に殺される）の三男です。さらには、多くの武将、戦国大名が雨散霧消するなかで、水野氏は武家制度が崩壊した幕末まで大名として存続するなど、いかに於大の実家、水野の血筋が優れていたかを、於大にかかわる史跡巡りや、埋もれた資料などの深堀りにより、可能な限り述べていきたいと思います。

徳川家康の母　於大　もくじ

第一部　於大の生涯

心優しいが、時に天下人・家康を叱りつけた肝っ玉母ちゃん

家康といえば、「ああ、あの狸親父、爺さんね……」と、小学生でも熟知していますが、その善悪はともかくとして、日本史に登場する代表的人物の一人にもかかわらず、このオッカサン（ご生母と呼ぶ人もある）に関しては、ほとんど知られていません。

ましてや名古屋とは目と鼻の先の、知多半島の根元の生まれであるにも関わらず、大方の名古屋人は不知で、「阿久比の出身らしいね……」くらいの知識があれば、まだましなほうでしょう。

しかしながら於大は、阿久比の生まれではなく、名前も於大ではありません。

於大に至る、水野家のルーツ

水野家のルーツは、清和源氏の流れ、平安時代中期の武将・源満政の末流といわれ、六代目の重遠のころ、尾張国・八郡六十九郷の内、浦野郷に住みつき、浦野重遠と名乗ったが、その子重房は尾張国の小河（小川・緒川）に住んで、小河氏と称し、その子の重清は春日井郡山田庄に移住し、水野氏を名乗るなど、この頃の武将は、転々と居

を変え、その都度名前を変えています。

水野重清は頼朝に仕え、美濃国で討ち死にし、三代目清房は実朝と頼経に仕え、四代目・雅経は下野守となり、小河の地頭を務め、その後小河の地を代々治めます。八代目正房は足利直義・尊氏に従い、小河に城（砦）を築くが、土岐直氏との戦に敗退し水野家は没落流浪することになります。

十四代目の貞守（初代緒川城主）になり、水野家復興をめざし、緒川の砦を城にと修築し、急速に勢力を拡大していき、この人が、於大のひいひいじいさん。水野家の最初の中興の祖で、二番目の中興の祖は、緒川城の勢力拡大と、刈谷に三の丸まで存在する広大な城を築いた、於大の父親の忠政です。

なお、この刈谷城が、本当に忠政が築いたものかどうかについては、いくつかの疑問があるようです。

◆コラム　源氏と平家

源氏といえば頼朝、平家といえば清盛くらいが、一般的な知識でしょうか。

第五十二代の嵯峨天皇は、五十七年の生涯で、五十人もの子をもうけました。世間では、「お元気、絶倫、女好き」など、いろいろな表現がなされていますが、こんな大勢の親王（男子）や内親王（女子）を、すべて皇族にする力も財力も朝廷にはありませんので、五十人の内三十二人を、臣下に格下げし、源の姓を名乗らせました。

源とは、「源は天皇と同じ」という意味で、「天皇の子孫だが、家臣だよ」ということで、その後の天皇も、この仕組みを大いに活用しました。そして、「これは、なかなかの妙案」と、安心して子造りに励んだそうです。

源氏姓には天皇名を冠するので、第五十六代清和天皇の系統は、清和源氏と称し、頼朝がこれを名乗ったので、有名になり、その後、何らかの手段で実力者に成り上がった、出自の怪しいのが、やたら清和源氏を悪用したようです。

平家は、第五十代天皇（桓武天皇）の孫が、臣下に降格したとき、「平安京」にちなみ、平の姓を与えたもので、源氏より先輩ですが、第五十二代の嵯峨天皇以下の天皇が、〃源〃を乱発したので、数においては、源氏が圧倒的となりました。

何のことはない、源氏も平家も、天皇が「できちゃった」「あああ、また、できちゃった」「みんな養う金は朝廷にはない」「ええい、降格して家来にしてしまえ」という結果で、平氏も源氏も同じような事情の産物で、大差なしです。

子づくりに関しては、将軍も負けてはおらず、江戸幕府のチャンピオンは、十一代将軍・家斉で、正室、側室の合計四十人余、明らかなものだけで、五十五子を産出し、男子二十八、女子二十七で、大名家の養子や嫁にばらまき、幕府の基盤固めを目論んだようですが、出来の悪いのをあてがわれた大名は、粗末に扱うこともできず、かなり迷惑したようです。

坊主もがんばり、蓮如なる本願寺の第八世法主は、まさに精力絶倫で知られ、八十五歳までに二十七人の小坊主を生産し、系列の寺の跡取りや嫁にやり、政略縁組に励んだようです。

何しろ子どもへの遺伝は父方だけで、女には遺伝子なんかないと思っていた時代なので、お粗末な畑で、相当ひどいのが、各界で産出され、迷惑の種となり、また血筋の劣化の原因となったと思われます。

十五歳で男子を出産

於大の母の本名は〝富〟で、於大の本名も〝大〟です。

於とは御に近い表現で、一種の敬称です。さらには於大の方様などと呼ぶのは、先生さま、御堂をお御堂などと称するのと同じで、過剰な敬語表現です。

於大六歳のとき、父、水野忠政は、西三河への勢力拡大の拠点にと、衣浦湾にそそぐ、逢妻川と境川の対岸の刈谷に、新たな城を築き、そこを水野氏の本拠地とし、緒川城から移動、於大も五年後の十一歳のときに、刈谷城に居を移します。

天文十年（一五四一）、於大十四歳のとき（今日の満年齢では、十二、三歳）、母を嫁によこせと連れ去った、岡崎の松平清康（家康の祖父）の息子・広忠（十六歳）と政略結婚させられ、とんでもない形で母子再会します。

広忠は、岡崎城主・松平清康と、先妻青木貞景の娘との間の子で、かっさらわれた於大の母、〝於富〟との子ではないので、於大とは血縁はなく、義兄にあたります。母子そろって政争の具にされるとは、戦国の世の婦女子のおかれた立場は、今の若い娘には到底理解できないでしょう。

そして翌天文十一年（一五四二）、於大は十五歳で、男子を出産し、竹千代と名付けられたこの子が、後の〝徳川家康〟です。

しかしながら二年後（於大十七歳）、於大の父の病没後の家督を継いでいた異母兄・水野信元が、今川、松平に敵対する織田信秀（信長の父）と手を組んだことにより、於大は広忠と離縁され、三歳の竹千代（後の家康）を岡崎に残して、兄・水野信元が城主の刈谷城に帰されます。

さらに三年後、於大二十歳のとき、岡崎の松平は、織田勢の度重なる攻撃に耐えかね、今川に援軍を頼みますが、今川はその引き換えに、於大が岡崎に残してきた竹千代を、人質として差し出すことを要求します。

竹千代は、駿府（静岡）の今川に送られる途中で、田原（今の田原市）の戸田氏に奪われ、織田信秀のもとに送られます。竹千代を人質にした信秀は、岡崎の広忠に服従を迫りますが、広忠は応じません。

天文十七年（一五四八）、三河小豆坂（額田郡）で義元勢と信秀勢が激突します。翌天文十八年、広忠が岡崎城中で刺殺されます。これを知った義元は岡崎城を今川氏の配下に置きます。さらに信広（信秀の子）が治める安城城を落とし、信広を捕虜として、信広と竹千代との人質交換を実現します。

竹千代は十九歳となる永禄三年（一五六〇）までの十一年間、駿府で人質生活を送ることになるのです。

於大の再婚

竹千代の人質事件などのゴタゴタの最中、於大は出生地・緒川城の隣国、阿久比の坂部城主・久松俊勝と再婚します。於大二十歳の春のことです。

このころ、熱田に人質として暮らす竹千代のもとに、母の思いをこめた書状、手縫いの肌着、菓子などを送ります。また、兄信元が織田方と手を組んだとばっちりで、嫁ぎ先の岡崎から送り返されたとき、警護の者に「兄は短気で、すぐ頭に来るから、このまま緒川城まで付いてくると、切り殺されるから、この辺りでお帰り」と配慮するなど、殺伐とした戦国の世の女にしては、情の深さを示す逸話が伝えられています。

事実、他家に嫁いでいた於大の姉が、於大と同じ理由で送り返されてきたとき、兄・信元は、供の者を全員切り捨てています。

再婚先の久松俊勝とは、俊勝が十五年後に、蒲郡上郷城主になるまで阿久比で暮らし、仲が良かったのか、三男四女を産んでいますので、於大といえば阿久比の人、というイメージが、今日に伝えられたのかもしれません。

於大の坂部城での十五年間の暮らしの間には、再婚二年目に（於大二十二歳）、元亭主で、竹千代（家康）の父・松平広忠が、二十四歳で家臣に殺され、その三年後（於大二十五歳）には、久松俊勝（坂部城主）との間に長男を出産し、その後も二男四女に恵まれます。岡崎では十五歳で（当時は数え年なので、満年齢では十四歳）、竹千代を産んでいますから、於大は頑強にして多産の体質だったのでしょう。

◆コラム　大名とは

大名という身分が明確に制度化されたのは、幕藩体制が整った江戸期で、一万石以上の領地と家臣団を有し、将軍に臣属する武家と定義されています。

平安末期から鎌倉期では、多くの田畑を有する大名主、鎌倉期では、大きな所領と郎党を従えた有力武士、室町期では有力守護、戦国時代に入ると、守護を倒し、諸国を支配し、家臣に知行与えて統轄する者などが、大名のルーツです。

殿も家来も労役せず、武装し、領土という〝縄張り〟で、家臣という名の〝子分〟を持ち、民百姓から年貢という〝みかじめ料〟をせしめるので、大名、暴力団組長説もあります。

於大の生まれた享禄元年（今から概ね五百年前の一五二八年）は、東海地区では今川が最大の権力者で、信長という新興勢力が台頭し、岡崎の家康の父松平広忠は、「どちらについたらいいのかなあ」と、その間に挟まれ、振り回されていた時代です。

そのころの知多半島の根元の緒川（今の東浦町で、阿久比町ではありません）には、水野という豪族が存在し、岡崎の松平氏と同様に時代の波に振り回されており、その水野氏の緒川城で生まれたのが於大です。

桶狭間の合戦

永禄三年（一五六〇）の桶狭間の戦いは、信長が天下人になる大きなきっかけとなった合戦であり、奇襲攻撃であったので、大河ドラマをはじめとし、実に多くのドラマや著作があります。視聴者や読者の興味をそそるため、史実とは大きく異なるエピソードが盛り込まれ、嘘八百大会の感があります。

今川義元が四万五千（『信長公記』）の大軍を率いて進軍したのは、急速に力をつけ始めたとはいえ、今川勢の村木砦を新兵器の〝鉄砲〟で攻撃し打ち負かした、こざかしい〝信長め〟がさらに増長する前に叩きのめし、尾張を平定するのが目的で、上洛ではありません。

大高城の西部の海岸には多くの軍船が用意され、今川義元が大高城に到着次第、海路で進軍し、信長の拠点清洲を攻撃する作戦でした。

今川義元は、人質ではあるが今川勢の武将の末席の一人である元康（後の家康）に、信長の勢力圏にある今川の拠点の一つである大高城に兵糧を搬入する難題を命じ、元康はこの任務をかろうじて成功させます。

元康がこの大高城にかかわる最中に、単独騎馬で、直線で約十四キロ南方の生母於大の再婚先の坂部城（阿久比城）を訪れ、十七年ぶりの涙の再会を果たす美談が、過去の大河ドラマで放送され、多くの視聴者の感動を得ました。しかし、今川勢の先発隊長である元康が戦線を離脱し、信長側の水野の領地を通過し、さらには信長方に属する坂部城を訪れるなど、到底不可能なことです。

元康は今川義元の大高城入りを待ちますが、桶狭間と大高城の距離はわずか六キロほどにもかかわらず、義元はなかなか到着しません。

寄せ集めの今川軍四万五千は荷車なども引いての行軍で、道幅も狭く全長は四十キロ（名古屋から四日市の距離）に及び、義元討ち死にの報が全軍に伝わるには、かなりの時間を要したようです。御大将討ち死にで、下っ端隊長元康の守る大高城など、もうどうでもよくなったのかもしれません。

元康は義元の討ち死ににより、織田勢に包囲され大高城で孤立しますが、於大の腹違いの兄、水野信元（元康の伯父）は、軍勢を送り元康の大高城脱出を助けます。

「お兄ちゃん、元康は二歳で私から引き離され、長い人質生活。義元も死んだので、間もなくお兄ちゃんの配下にするから助けてちょうだい」とでも、於大が信元に頼んだのでは……。

阿久比の坂部城に落ち延びた元康は、そこで十七年ぶりの母との再会を果たし、これが前述の単独騎馬で阿久比へという美談にされたのではないでしょうか。

坂部城では三人の異父弟（久松俊勝と於大の子）と対面し、この三人に松平の姓を名乗ることを許したことになっていますが、負けて逃げてきた松平元康の松平姓を、信長方で勝者の久松がありがたくいただくのは不自然です。久松が松平姓をもらうのは、元康が家康と名乗り、権勢が安定した、もっと後の方が自然ではないでしょうか。

元康は阿久比から水野氏の勢力圏の緒川ルートで、逢妻川を渡り、水野の本拠地刈谷を経由して岡崎に逃げ帰ったのではと推察します。

ここで、桶狭間の合戦と今川義元の公家かぶれに関し、最も信頼できる最新情報があります。

今川義元の進軍は、信長成敗が目的です。上洛が目的であれば、京や周辺の大名に根回しをしますが、その気配はありませんでした。

義元はやや太めでしたが、馬に乗れないほどではなく、奇襲を受けたときは、馬で逃げています。白塗り化粧に、天井眉の公家かぶれは、江戸中期に入ってからの俗説で、戦国期のスーパースターが白塗りで、オカマがいの厚化粧であれば、日々修羅場をシビアに生きている実力だけが頼りの配下の戦国大名は、すぐに離反します。

今川家は、従四位下の官位を有する名門で、父の時代には、すでに公家の文化が駿府に入り、義元の正室は公家の娘です。

輿に乗っているのは、肥満体で馬に乗れなかったのではなく、将軍から輿に乗ることを許され、権威の象徴として使用していたのです。

義元は竹千代を人質にとってはいましたが、十四歳のときには、義元の「元」の字を与え、烏帽子親を務めて元服させ、竹千代改め元信とします。翌年には、人質の身で親の死に目に会えなかったことを不憫に思い（たぶん）、岡崎に一時里帰りさせ、さらに、その翌年には元康と改名させ、姪の瀬名姫を嫁に与え、今川の武将の一人として初陣させるなど、人質というイメージとはほど遠いというか、「可愛いがってるね……」という感じです。

義元は上洛すれば、足利家を継ぎ、足利義元として、将軍になれる立場にありました。

進軍の軍勢数は、資料により、実に様々で、義元本隊は五千人ほどで、約二キロ強の隊列で、その他は、禄高に応じた数の兵を引き連れ、参戦した大名の軍勢の寄せ集め。

『信長公記』には、総勢四万五千とあります。

義元本隊は、五千人、信長勢も五千人ほどですが、奇襲に直接参加したのは二千五百ほど。

義元本隊の先頭隊、指揮官・松井宗信率いる、騎士二百騎と雑兵七百人に、信長奇襲隊長・佐々隼人正正道と千秋四郎太夫義文率いる三百が襲いかかる。

佐々隼人正正道は、信長の紋、〝瓜紋の旗印〟を背に戦い、一キロ後方の義元本陣は、戦闘の始まりを知り、援軍を送り、影武者・佐々は討ち取られる。

佐々の首を信長の首と思い込み本隊に送り、本陣では「やった、やった。信長を討ち取ったり」と祝宴を開き、義元は謡を三番も謡い上機嫌。

本陣は、狭間の谷の田楽狭間、そこへ二方向から突然の信長勢の攻撃で、宴会で兜を脱ぎくつろいでいたので（天保十二年（一八四二）に描かれた絵図あり）、多くの武将、重臣は討ち取られる。本陣宴会中に討ち取られた主な城主は六人で、遠江二俣城主・松井宗信、遠江引馬城主・飯尾乗連、遠江井伊谷城主・井伊直盛、三河長沢城主・松平政忠、駿河蒲原城主・蒲原氏徳、駿河川入城主・由比正信。

義元は三百の兵に守られ、騎馬で東に逃走、五度戦うが、兵は五十に減り、田楽狭間の東の小さな山を越えたところの、田んぼ（深田）付近で、馬が脚を取られ動けなくなったところを討ち取られる。

この、天下の行く末を大きく左右した、桶狭間の合戦の最新情報の根拠となる、主な歴史的資料は、『信長公記《しんちょうこうき》』と『信長記《しんちょうき》』です。

『信長公記』は、三十四歳で、桶狭間の合戦に参戦した、信長家臣・太田牛一の記述で、『信長記』は江戸初期に、儒学者で医師の小瀬甫庵が、『信長公記』をもとに、加筆したものです。天下人の家康に都合の悪いことを書くわけもなく、さらには、〃家康ヨイショ〃があっても不思議はなく、多くの識者が、その内容は事実に反するものが多く、信用できないといっています。

上様が観梅の宴を開き、家臣に梅をめでる和歌を詠めと命じたとき、「横っ面、吹き切るような寒風に、梅の花奴《め》が、咲いてけつかる」と、上様の、寒空に梅見の物好きを諫めるなど、天下のご意見番であった大久保彦左衛門の『三河物語』には、『信長記』には偽りが多い、三分の一はつくり話、三分の一は、似たような事はあったようだと酷評していますが、彦左衛門は奇しくも、桶狭間の合戦の年（永禄三年）の生まれで、参戦してはいません。

岡崎に帰った元康は、大将（今川義元）を失い、二代目は器にあらずで凋落する今川とは縁を切り、織田の配下に入ります。

元康を助けた水野信元（於大の腹違いの兄）は、短気なところはあるが、武将としては、場合によっては、信長、家康をも凌駕する実力者で、また、敵方（元康）を助ける温情もあったのではないでしょうか。

この命の恩人の水野信元を、家康は、信長の君命とはいえ殺してしまうのだから、なんともひどい話です（誅殺でなく、謀殺の可能性が大なので、さらにひどい話）。

元康から家康へ

今川義元といえば、かなりの歳というイメージがありますが、桶狭間で、新興勢力・織田信長という、ヒットマンに討ち取られたときは、なんと四十一歳です。

実権は義元が握っていましたが、すでに今川家の当主を二十一歳で継いでいた、今川氏真（元康より五歳年上）に、元康が「弔い合戦をやりましょう」と、進言しますが、氏真は動きません。ボンボン育ちで、信長の気迫に身がすくんだのでしょうか。

これでは、ただの二代目のバカ息子ですが、氏真の母は、武田信虎（信玄の父）の娘で、武術は塚原卜伝に師事し、京都滞在中は公家と連歌の会をたびたび開き、優雅な和歌を数多く残すなど、なかなかの文化人でもありました。しかし、戦国の世の武将は、天才くらいでは務まらず、「あれは化け物だ」といわれるくらいの、実力と強運が要求されたのでしょう。

氏真が元康の進言には応じず、また、今川の重臣たちも義元の討ち死に動揺し、離反者が出はじめ、早い話が「二代目は器にあらず」と、これを潮時に十九歳の元康は、元の字を返上し、今川とは縁を切り、家康と名を改め岡崎城に帰り、その後、信長と同盟を結び、今川とは敵対関係となります。

まさに、〝昨日の敵は、今日の友〟で、この時代では、恩顧よりは、〝気を見るに敏〟でなければ生き抜き、頭角を現わすことは、困難だったのでしょうか。

もっとも家康は、好んで今川勢に臣従したのではなく、幼少で人質にとられ、十九歳まで駿府暮らしで、元服させてもらい、義元の姪を嫁にし、今川勢の武将として初陣も飾っていますが、人質がスタートという経緯からすれば、今川を裏切ることに、あまり抵抗はなかったのでしょう。

その後氏真は、家康の一宮砦を攻撃しますが、撃退され、三河地区に残っていた今川勢の城も、次々と家康に降伏し、掛川城の降伏開城を最後に、氏真は正室の実家である、北条氏康に身を寄せ、戦国大名・今川家は滅亡します。

北条家が武田家と同盟を組むと、氏真は北条家をはなれ、浜松城の家康を頼り、天正三年（一五七五）には京都の相国寺で、織田信長と対面、蹴鞠を披露したそうです。父の仇の前で蹴鞠とは……。

能天気な氏真は、なんと七十七歳まで馬齢を重ね、江戸にて没したと伝えられています。

松平から徳川へ

三河をおおむね平定した家康は、永禄九年（一五六六）、二十四歳で新たなる野望を抱きます。

信長の全盛期なので、その時点で、家康が天下を狙ったかどうかはともかくとして、十四から十八家あったといわれる、土豪・松平家群の統領になるため、三河守への任官を朝廷に願い出ます。しかし、三河守は、従五位下の官位がなければ就任できず、この官位は高貴な家柄であることが習わしで、土豪ごときの身分の低いもの（当時の家康の官位は、蔵人佐という、大変低いもの）に、従五位下などとんでもないと、朝廷は一蹴します。

家康の出身地・松平郷は、現在の豊田市松平町にあたり、作手村に通じる山道の途中にあり、田舎どころか山の中で、田んぼも畑もほとんどなく、現代でさえとんでもない山奥です。こんなへんぴな場所での土豪は、どのようにして領民から年貢を巻き上げていたのかと、不思議に思うほどの僻地です。

家康は岡崎城主にはなっていましたが、数ある戦国大名の一つにすぎず、官位を授けるのに家柄を重んじる朝廷が、土豪などとバカにするのは当然です。

しかしながら、それで引き下がる家康ではなく、その頃から〝狸の本性〟を現し、家柄の捏造と、こじつけを図ります。

ここで、悪の公家が登場します。戊辰戦争のときも、明治天皇がまだ少年だったのをいいことに、岩倉具視が天皇を蚊帳の外に置いて、薩長を官軍とする小道具として、錦の御旗を勝手に作り薩長軍に渡します。

こんな何の根拠もないインチキ旗に、徳川軍は「こちらは賊軍かい」と、慌てふためきました。二百六十年にわたる太平の世で、実力とはなんの関係もない世襲の連続で、バカ息子揃いとなり、雑兵共の武力クーデター（戊辰戦争）のインチキ旗が見抜けなかったのは、なんともお粗末です。

さて、家康の家柄詐称に加担し、従五位下の官位獲得に関わった公家は、近衛前久です。公家は貧乏なのが多く、勤労もせず、怠惰な毎日を送っていた輩が多かったので、賂《まいない》（賄賂）に弱く、きっと金銭で動いたのでしょうという説が、多々あります。

近衛は部下に、「何かいいこじつけ家系図は、おじゃりまへんか……」と探させ、「これはどうですか」と、吉田兼右が提示したのが、聞いたこともない得川氏の家系図です。得川氏は新田氏の流れを汲み、藤原氏の姓を名乗ったことがあるという古い話を悪用し、〝松平は得川氏の末裔〟であるという、フィクションを構築し、〝得〟を〝徳〟に変えたのは、家康であるといわれています。

こうして家康の本名は「藤原家康」となり、その本名を使った書面への署名が残っていますが、藤原では、なんとも厚かましいので、「本名は藤原、苗字（通称）は徳川」という、訳のわからない〝ごり押し〟で、朝廷から「従五位下の官位」をもらっています。

新田の「分家かな……」といわれる得川を利用したのは、今は敵方になった今川が、足利一門の名門で、足利家の系譜を悪用すれば、今川は、その系譜に関して精通しているので、捏造がばれる恐れがあったからといわれています。

なお、改姓したのは、十八ほどある松平家の内、家康の系統だけで、家康が将軍になった後、徳川姓を名乗れるのは、ご三家だけで、他は松平です。

戦国の世では、その出自が、とても自慢できない輩が、権力者として頭角を現したとき、最初にやるのは、出自がいかに名門であるかを装うことで、家系の詐称、付け足し、都合の悪いところの削除など、いわゆる捏造が日常茶飯事です。信長は、藤原氏や恒武平家の末裔と偽り、島津もおおいにごまかしており、家康だけがインチキをしたのではありません。

信長が評価できる部分は、「あほらしい官位なんかいらんわ」と、当てつけに、事実上の天下人であるのに、一地方の長官を表す「介」を自分でつけ、上総介と名乗ったことです。

於大の悲哀

於大、御年四十八歳のとき、短気だが元康を救ってくれた義兄・信元は、「信の奴は、この頃武田と内通しているらしいですよ」と、佐久間信盛から信長に讒言されます。「なに、とんでもない奴だ。殺してしまえ」と、信長は家康に命じ、家康は命の恩人、信元を殺します。

この嫌疑で、信元の長男・元茂や、於大の養子やその子も殺され、水野信元の所領、緒川城、刈谷城、ともに讒言人の佐久間の手に渡り、両城の水野一族は離散します。しかし、信元の子・利勝（三歳）だけは、乳母の手により岡崎に逃れ、家康配下の土井家の養子として匿われ、姓を水野から土井に変えます。この人物が家康、秀次に重臣として仕え、三代将軍・家光の守役として大老を務めた土井利勝です。

家康の正室・瀬名姫の母は、今川義元の妹、父は、瀬名郷主の関口親永で、天文十八年（一五四九）、父・親永が持舟城主となり、瀬名姫は母と共に駿府に越しています。瀬名郷からの姫というのが、その名の由来です。

家康が、今川義元の姪・瀬名姫を正室に迎えたのは、今川の人質時代で、今川義元が烏帽子親になり十四歳で元服、名を松平元信とし、さらに十六歳で元康と改名したときですが、瀬名姫の生年は不明なので、同年あるいは、かなりの年上説があります。

二年後には、嫡男・竹千代（後の信康）、その翌年（一五六〇年）には、長女・亀姫が生まれるなど、夫婦仲は順調でしたが、その年の五月、桶狭間で義元が信長に討たれ、後継者・今川氏真の、当主としての器に疑問を持った家康が、今川と決別し、信長と同盟を結びます（清州同盟）。

「家康の奴め、駿府へ撤退と命じたのに、勝手に信長と戦い、挙句は今川を裏切り、信長と同盟かい」「五つ年下なので、弟のようにかわいがり、父が元服させ、嫁まで取らせたのに……」と、怒った今川氏真（義元嫡男）は、駿府在住の瀬名姫母子を軟禁し、瀬名姫の父・関口親永を切腹させます。

その後永禄五年（一五六二）に人質交換で、母子は家康の岡崎城に移りますが、信長に気づかい、正室であるのに、城外の総持尼寺の築山領の屋敷に住まわせたので、正室・瀬名姫は、別名・築山御前（築山殿）と呼ばれるようになり、この名前の方がよく知られています。

元亀元年（一五七〇）には、瀬名姫は岡崎城に移りますが、築山滞在中の約八年間、家康は屋敷を訪れることはなかったと伝えられます。瀬名姫が岡崎に帰ってきたころ、家康は、浜松城に移りますが、瀬名姫と嫡男・信康は同道せず、岡崎城に置いたままでした。

◆コラム　大名の妻たち

戦国時代の、大名のお神さんたちの名前は、実にいい加減で、信長の嫁〃濃姫〃は、美濃から嫁いできたから濃姫、武田勝頼の母の諏訪御寮人は、武田信玄が、隣国の小国、諏訪を滅ぼし、その時かっさらってきた姫で、名でなく地名です。

江戸期に入っても、大名の嫁や側室で、無縁仏となり墓地に転がっている墓石には、名は無く、「××女」としか刻していないものが多いのです。

そもそも、江戸末期までは、女には遺伝子などないと思われており、将軍家でさえも、お種が上様なら、畑などどうでもよく、たとえ下女中でも、男の子が生まれ、それが長男なら世継ぎです。

科学的には畑が悪いと、種がいかに優良でも、ろくな作物はできませんので、自然科学の未発達な当時でも、経験的に、畑の有用性に気付かなかったのでしょうかねえ……。

於大の母〃於富〃は、美人であったのが災いし、娘の於大五歳、於富二十五歳のとき、岡崎城主・松平清康（二十歳）に、「お前の嫁はいい女だから、こちらによこせ」と要求され、於大の父・水野忠正は、妻・於富を離縁し、幼い娘と引き離し、すこしも清くない清康に差し出します。

家康の祖父に当たる、人の嫁さんを横取りした清康には、青木貞景の娘という嫁が存在し、弘忠という息子まで生まれていましたが、病没したので、後妻に「於富をよこせ……」となったと、『家康伝』には書かれていますが、「徳川家の記述で、二十歳のやんちゃ坊主の行状なので、信用できんわ」と、ダブル嫁であった可能性を唱える人も多いのです。

人の嫁さんを強奪した松平清康は、罰が当たったのか、その後若くして殺され、後家になった於富は、なんとその後、三回も政略結婚させられ、これはもはや結婚というよりは、単なる道具です。乱世に、いい女に生まれると、とんでもない目に遭います。

一夫多妻のこの時代でも、正室（正妻）は一人で、あと何人いてもそれは側室ですが、一応妻に勘定され、正室が没した後の後妻は、継室といいます。

信長には、側室が八人おり、生駒、お鍋、坂氏、養観院、土方氏、慈徳院、原田と、七人も名前がわかっているのは珍しく、正室の本名が地名であるくらいなので、側室の本名など、ほとんど不明です。

信長の正室・濃姫に関しては、斎藤道三の三女であったこと以外は、正確な記述はほとんど残っていません。東濃からの姫なので濃姫と呼ばれていました。本能寺で長刀を振るい、信長と最後を共にした、離婚され岩村城主に嫁ぎ、亭主が没したので、岩村城の女城主となったのは、信長の叔母のお直《つや》の方でなく、実は濃姫だったなどという、興味深い話のほとんどは作り話のようです。

没年も、父・斎藤道三生存中に離婚されその後まもなく病没（没年不明）、明智城攻めで落命（二十一歳）、本能寺で信長と共に討ち死（四十七歳）、安土殿という女性が濃姫なら七十七歳と、実に様々です。

家康正室・瀬名姫と、嫡男・信康の誅殺

天正七年（一五七九）、瀬名姫と家康の嫡男・信康に武田勝頼との内通の嫌疑がかけられ、瀬名姫は弁明に岡崎から家康のいる浜松に向かう途中の佐鳴湖畔で、家康の差し向けた、刺客の野中重政と岡本時仲に討ち取られ、その首は、信長が首実検した後、岡崎に返され、築山神明宮を建立し、葬られます。

嫡男・信康は遠江の二俣城で自刃させられ、家康は、正室と嫡男を同時に信長に誅殺されますが、その嫌疑の内容について、信頼できる記録は何も残っていません。

信長は天正三年（一五七五）に、於大の兄・信元とその家族を、家臣の佐久間信盛の讒言で殺し（刺客は、家康家来）、天正五年（一五七七）には、於大の再婚先の義息、久松信俊とその家族を、やはり佐久間の讒訴で、佐久間に城攻めをさせ殺害させています。そして今回は、家康正室と嫡男を、内通嫌疑で家康の家臣により殺害。すべては武田との内通容疑です。

於大の義兄である水野信元は、その後冤罪であることが判明、他の二件は内通の真相不明で、すべては根拠の明らかでない殺戮です。家康の身内は、四年ほどの間に三件もの、信長の命による誅殺か謀殺かわからない被害に遭っています。

家康は、「鳴くまで待とう、ホトトギス」と、後世、気の長い人のように思われていますが、とても短気だったとの説もあり、こんなに短期間で身内を次々と殺され、それでも信長の配下として、臣従を継続したのは、よほど信長が恐かったのか、戦国の世であり、自分も人殺しに明け暮れ、今日の常識とかけ離れて、人命尊重の観念が希薄になっていたのかもしれません。

放置すると近い将来、自分を凌駕する可能性のある者、あるいは、邪魔者は、ためらわず「疑わしきは殺せ」と、さっさと始末する戦国の世の感覚で、信長とグルの犯行ではないかという説もあります。

いずれにしても於大は、息子である家康の命を救った義兄の水野信元を家康の手により殺され、五十二歳で孫にあたる家康の嫡男・信康を失っています。

於大の晩年

天正八年（一五八〇）、信長は、抵抗勢力で〝衣の下に鎧が見える〟浄土宗の大坂石山本願寺（今の大阪城のある場所）を攻めますが、勅命に従い和睦。信長はそのときの総大将・佐久間信盛（讒言で、於大の義兄・信元を死に追いやった人物）に、不手際の責任を取らせ、高野山に追放します。殺してしまった信元に謀反の意志がなく、冤罪であったことを知り、「ごめん、ごめん。佐久間め、いい加減なことを告げよって」と、信元の弟の忠重を刈谷城主に、忠守を緒川城主に復帰させます。

天正十五年(一五八七)、於大六十歳のとき、岡崎城の留守居役で、蒲郡上郷城主である、久松俊勝が死去します。二十歳で久松と再婚、六十歳で寡婦となりました。動乱の世で、大変な辛酸をなめますが、於大婆さんは元気溌剌です。

翌年六十一歳で、俊勝の墓所、蒲郡の安楽寺で剃髪し、傳通院となります。(夫・俊勝の墓は、阿久比の洞雲院にも分骨されています)。

二年後の天正十八年(於大六十三歳)には、家康は江戸入りし、於大と俊勝の長男と三男は、それぞれ大名にとりたてられます。

於大七十五歳のとき、伏見城に家康を訪ねますが、その年の七月に発病し、八月二十八日に没します。於大の葬儀は、日本一の大釣り鐘で有名な、京都の知恩院で行われ、遺骸は、江戸小石川の伝通院に葬られますが、遺髪は、阿久比の久松家の菩提寺、龍渓山久松寺《きゅうしょうじ》洞雲院に収められます。

生家・緒川城近くの、於大が信仰していた善導寺には、位牌だけが祭られ、遺髪が再婚先の久松氏の菩提寺、久松寺に収められたのは、四十年間、苦楽を共にした二度目の夫、久松俊勝とは三男四女を生し、また、兄・信元が冤罪で、信長の命により家康に謀殺されたとき、激怒し、家康を強く諌めたことなど、俊勝の人柄に魅かれた、仲のいい夫婦だったからでしょう。

家康は、於大の没した一年後には、征夷大将軍に任じられ、江戸幕府を開幕し、さらには、十一年後の大坂冬の陣、その翌年の夏の陣で、豊臣をせん滅し、徳川の世を確立します。

◆コラム　大久保彦左衛門の『三河物語』

大久保彦左衛門といえば、威勢のいい魚屋の一心太助を子分にして、たらいに乗って登城し、また、臣下の身でありながら、将軍家光を、面前に正座させ、「神君家康公は……」と、家康と共に戦った話を聞かせたなど、江戸初期の名物男として、今日に伝えられています。

しかしながら、大久保彦左衛門の痛快な逸話のほとんどは、講談や芝居のでっち上げです。実際は愚直な武骨者で、忠臣蔵の見せ場のほとんどが、史実の〝元禄赤穂事件〟とは大きく異なるのと同じです。

江戸時代も三代将軍・家光の時代になると、戦のない平穏な時代が続き、戦国大名や時の天下人のような、鬼より怖い存在はいなくなったので、庶民も家光など、祖父・家康が敷いた座布団の上に座る、苦労知らずの三代目くらいに考え、芝居や講談で面白おかしく、からかって演じても、何のお咎めもなかったのでしょう。

彦左に関して注目すべきは、まずい文章で、下手な字ですが、戦国時代の実戦体験を、当時の口語体で『三河物語』として著し、その自筆の書が現存していることです。

　彦左は、今川義元が、桶狭間で信長に討たれた年（一五六〇年）に、徳川が、まだ松平郷の郷士だったころからの譜代の家臣、大久保忠蔵の嫡子、大久保忠員《ただかず》の十人の息子の八男として生まれました。父がいい年になってからの子なので、戦はもっぱら長兄・忠世《ただよ》と共に出陣しています。

　『三河物語』は、元和八年（一六二二）、彦左六十二歳のときに書き始め、寛永三年頃（六十五歳頃）に一応完成しますが、八十歳で没するまで加筆を続けています。桶狭間の合戦のときの家康（十九歳）は、今川勢の一武将で、今川義元亡き後の二代目は、実に頼りない男だったので、家康は人質の立場から脱して、岡崎城に戻ります。

　家康が、今川の人質時代に、岡崎に残された譜代の家臣は、百姓同然の生活を強いられ、今川に年貢まで献納していましたので、大久保一族も屈辱の日々を送ったことが、『三河物語』に記されています。

　その後、家康が天下人に昇り詰めるまでの数多くの合戦に、一族で参戦し、いくら命があっても足りない、壮絶な戦いに武功を残します。真田城攻撃の二回に渡る参戦では、天正十三年（一五八五）の、第一回真田城攻撃は彦左二十五歳のときで敗退、第二回真田城攻撃（一六〇〇年）は、彦左三〇歳で、徳川秀忠と関ケ原に向かう途中での合戦でしたが、またまた敗退し、関ケ原の合戦には遅参組となります。

家康が天下を平定し、平穏な江戸時代を迎えたのは、彦左四十三歳のときで、そこに至る合戦の武功で、大久保家は、彦左の父忠員は小田原四万五千石、彦左が共に戦った長兄の忠世は、加増で六万五千石、次兄の忠佐《ただすけ》は沼津二万石と三人の大名を輩出しています。

彦左にも、大名になるチャンスがありました。それは、次兄・忠佐の後継ぎが早世し、お家断絶を免れるために彦左（忠教）が後継ぎとして養子になる話でした。「武功で大名なら受けるが、兄からの譲受では本意でない」と断り、その後、忠佐の死をもって、沼津藩は、断絶します。

彦左の父・忠員は、大名になっても、月七日の断食を継続し、有事に備えた貯えとする習慣を変えなかったので、彦左の頑固は父譲りです。

文章も文字も下手くそで、およそ物書きには縁のなかった彦左が、なぜ三代将軍の家光の世になってから、口語体での『三河物語』の執筆を思い立ったのでしょうか。

江戸には、全国の諸藩の侍が、江戸屋敷詰めとして暮らしており、平素はお国言葉（方言）で話していますが、他藩の侍との会話や、公式の場では、お互いがお国言葉では通じないので、共通語として使われたのが、今日の時代劇に出てくる武家言葉です。

『三河物語』は、口語体に特異な漢字や仮名文字が混じり、下手な文章がいっそう難解になっています。

当時、本を著するに一般的に用いられた手法は重撰《じゅうせん》、即ち、すでに世に出ている文献から切り取り、貼り合わせる、いわゆるハサミとノリでのコピペがほとんどでした。『三河物語』上中下のうち、上と中の内容のほとんどは、伝聞や他人の残した記録の重撰です。下巻には自身の体験や見聞が記されています。

重撰は、他人の記述の切り貼りなので、時代が前後したり、史実に反する記録を載せてしまったりするなどの問題があり、家康の生母・於大に関する記述で、「松平広忠は、水野信元の妹の婿になり、竹千代と姫をもうけるが、その後、奥様は刈谷に送り帰され、その方が、久松俊勝に再び嫁がれた……」など、神のように敬う家康の生母・於大のことを、水野信元の妹、あるいは奥様などと表現し、何もわかっていないのでは、と思われる部分があります。

彦左は、桶狭間の合戦の年の生まれですから、それ以前のことは体験できるはずもなく、重撰せざるを得なかったのでしょう。

文章が稚拙で、随所に誤りがあるので、武骨一辺倒で、教養に欠けていたのではと、幕末の勝海舟など、幾多の人が軽視する傾向がありますが、家光の三代将軍継承に異論が出たとき、「家光様は、口数が少なく、人に対して言葉をかけることも少ないが、三代将軍にふさわしい方だ」と、唐の名君・太宗と、賢臣との政治問答集『貞観政要』の言葉を引用し、家光の将軍継承賛成の意見を述べています。

さらには、『三河物語』の文中には、『曽我物語』、『法華経』、『信長記』などの内容に触れる記術などもあり、なかでも、『信長公記』をもとに、江戸時代になって書かれた、『信長記』に関しては、三分の一は嘘でたらめと記すなど、戦いに明け暮れた日々にしては、それなりの教養を身に着けているとの見解もあります。

将軍が直接戦場に出陣したのは、二代将軍秀次までで、戦乱のなくなった家光の時代では、幕閣の構成も一変し、財政、外交、民生などに優れ、武芸などとはおよそ縁のない、へなちょこの二十から三十代の若者が重用され、三河のど田舎というより山の中の松平郷の豪族に過ぎなかった松平を、今日の天下人、徳川家康に仕上げた武闘派は、農業が機械化された後の、農耕馬のような存在になります。

1、主君を裏切り、平気で弓引く
2、卑怯者で、物笑いの対象となる
3、世間体良い調子者
4、そろばん勘定に長けている
5、どこの馬の骨かわからぬ者

「このような輩が日の目を見、その反対は、日陰者にされるのが今の世で、将軍様は譜代の武闘派の苦労を何も知らない」「大久保の子孫は武闘派だから、これからも軽んじられるだろうが、それでも忠誠は絶対に、続けなければならない」「これは門外不出の書だ」「他人に見せてはならない」と、くどくどと述べています。

『三河物語』は、出版されなかったにもかかわらず、今日の古本屋でも入手できるくらい、多くの写本が出回ったということは、彦左の本心は、写本を大いに奨励し、窓際族の憤懣を広く世間に知らしめ、願わくは、ボンボン将軍・家光の目に留まり、武闘派の冷遇を反省してほしかったということでしょう。

閣僚二十人の内十三人が、能力と何の関係もなく、用意された座布団の上に座っただけの世襲継承者で、「お前なあ、マンガばかり読んでると総理大臣になっちゃうぞ」と小学生にバカにされるお粗末な脳みその輩が、首相とかいうポストに就いても、民間がしっかりしているので、経済だけは優秀な、アジアのどこかの国とよく似た話です。

第二部　史跡探訪

緒川城跡

愛知県知多郡東浦町大字緒川字古城

於大生誕の地は、阿久比ではなく緒川城なので、まずは緒川の地の探訪です。

緒川は、大府市の南に隣接し、知多半島道の起点、大高ＩＣより東浦知多ＩＣまでは十キロメートルほどです。インターを降り、東方約三キロメートルにある東浦町役場の近くが目的地となります。名古屋市とは、きわめて近距離です。

緒川の今日の地名は、愛知県東浦町字緒川で、過去に近隣六村がまとまり、東浦町になったそうです。これだけの歴史的背景にも関わらず、再婚先である阿久比が町になっているのに、緒川がなぜ町にならなかったのでしょうか。「ＪＲの緒川駅まであるのに……」と、於大のことを調べているうちに、だんだんと於大びいきになってきたので、誠に釈然としません。

緒川城の城跡が残存していると側聞し、帯刀交差点の東方にある東浦町郷土資料館を訪ね、城跡の場所を確認しました。

「お訪ねになるのは有難いですが、立派な遺構を期待されると、がっかりされますよ。

武豊線が建設されるとき、緒川城の遺構のほとんどを壊して、鉄道の土手に使用したと聞いています……」

若い事務職員は、誠に申し訳ありませんといった表情で小声で答えた。

「ええっ、信じられないなあ」

帯刀交差点に戻り、北に進み次の信号が東浦町役場前交差点。郷土資料館でもらった略図によると、交差点横の、狭い方の道を北に上がり、小高い丘の上の松の木を目印に、車は無理なので徒歩で進めとあります。

とことこと緩やかな上り坂を歩いていると、車が追い越して行くではないか。

「なんだ車通れるじゃない」

さらに進むと、雑然と密集する民家や倉庫で、道はいっそう狭くなり、右に少しカーブし、軽自動車がやっととなります。

「車はだめよ、はこのことか……」

ぶつぶつと独り言をいいながら歩を進めると、その右カーブあたりの民家の屋根越しに、かなりの樹齢の松の木が見えました。

「あれかな、城跡の目印は……」

小道を進むと、松の木は道の右側に見え、なんとその下には、ボロボロのトタン板で覆われた、実にみすぼらしい農機具小屋があるではないか。

「何という有り様か。ここは日本史上の重要史跡だぞ」

不満を通り越して怒りに変わりました。

城跡は、申し訳程度に松の木が三本残る、土塁（土を積み上げ築いた城壁）の一部を除いては、ことごとく破壊され、跡形もなく、破壊跡の一部に、簡単な遊具のある小公園がつくられていました。

明治十九年（一八八六）、中山道鉄道の機材陸揚げのため、衣浦港から大府への鉄道が敷設され、それが今のＪＲ武豊線で、その土盛り資材として、緒川城の遺構が破壊されたのです。維新の途上で、有能で教養に満ちた人材は、新選組などの得体の知れないごろつき集団（ゆすりたかり、高額借金踏み倒し）に、ことごとく殺され、明治政府に残ったのは、伊藤、大久保、西郷など足軽（雑兵）で無教養な連中です。それに、坂本龍馬（父親が、郷士の地位を金で買った、武士でなく商人）、中岡慎太郎（百姓）などがかかわった結果、廃仏毀釈（仏教文化を否定し、おびただしい量の、貴重な仏像、寺院などを、無差別、無分別に破壊）など、中国の文化大革命や、ＩＳの世界遺産破壊などと同次元の蛮行が、平然と行われたのです。

また明治政府は、江戸時代を全面的に否定し、いまさら城を舞台にしての戦の時代でもないのに、歴史的、文化的に価値のある城の多くを破壊したので、武豊線敷設のために緒川城の遺構を破壊するなど、何のためらいもなかったのでしょう。

江戸時代も二百六十年余の太平の世が続き、母方のＤＮＡなど無視で、嫡男であれば、何でも世襲するため、今の政界のように、バカ息子がゴロゴロしていたので、明治政府の雑兵を一概に攻めることはできませんが……。

於大が生まれた戦国時代の城は、姫路城や彦根城のような立派な天守閣はなく、目的は実戦なので、物見のための、せいぜい二層櫓ですが、緒川城は、現存する古地図で見ると、その規模は、今の東浦役場あたりまでに及び、土塁や塀、堀など、かなりの規模で、戦国時代の城としては、なかなか立派なものです。

江戸時代の慶長十一年（一六〇六）、最後の城主・水野分長が、三河国・新城一万石に移封になり、廃城となりますが、明治政府の蛮行で、破壊されるまでは遺構として立派に存在していました。

当たり前ですよね。なんたって家康の生母、生誕の地ですからね。

歴代の緒川城主

於大のひいひいじいさんにあたる、水野貞守が緒川の地に城を築いたのは、文明年間の一四七六年頃といわれています。室町幕府・第八代将軍・足利義政の後継者争いに、将軍家が無力化したのをいいことに、有力守護大名の対立や内紛が絡み、だらだらと、十一年にも及ぶ争い（応仁の乱）で、京の町は焼きつくされ、無政府状態となりました。群雄割拠の戦国時代の幕開けです。上述した水野家のルーツのなかで、乱世の実力者の一人、水野貞守が初代緒川城主として、知多半島、三河南部に大きな勢力を持つようになりました。

一般的な緒川城主の系譜では、初代貞守、二代賢正（父・貞守）、三代清忠（父・賢正）そして四代城主は、於大の父忠政（父・清忠）という流れになっていますが、水野家の系譜には不可解な点が多く、二代、三代城主に関してはほとんど記録がありません。五代城主・信元以前の系譜が、当時、新興勢力の織田信長、岡崎の松平に匹敵する、二十四万石に相当する実力者でありながら、現存する資料がきわめて乏しいことには、信元の殺害（誅殺もしくは謀殺）が大きく関連しています。

信長の命により、家康の手（本人ではなく家臣）による信元の殺害により、水野家は一応断絶しますので、この時点で、水野家に関わる多くの歴史的資料が、毀損された可能性があります。

海鐘山悟眞院善導寺

愛知県知多郡東浦町大字緒川字屋敷

東浦町役場横の道を、道なりに北西に上り、次の交差点、緒川小南を右折、少し進むと緒川小学校があり、それを左折すると善導寺です。この寺は、浄土宗・京都知恩院の末寺で、嘉吉三年（一四四三）創建で、於大は嫁ぎ先の松平が浄土宗であったことから、この寺を菩提所と定め、阿弥陀如来像などを寄贈しています。

そのころの善導寺は海辺にあり、水害の被害などを受けたため、於大没後三年の、慶長十年（一六〇五）、七代目緒川城主・水野分長により、今の高地に移設されますが、海辺のどの辺りにあったのかは不明です。

境内の東の鐘楼からの遠望は、一見、衣浦湾のように見えますが、それは、遥か額田郡の山並で、その辺りには衣浦湾にそそぐ寸前の、逢妻川と境川が流れています。

宇宙山乾坤院（於大の実家・水野家墓所）

愛知県知多郡東浦町大字緒川字弥田四

帯刀交差点の南方の、次の交差点（於大公園南）の近くに、水野家の墓所・乾坤院があると、案内パンフレットに書いてあります。

「この辺りに乾坤院がありますか」

「ああ、あれ、去年に燃えただよ」

「へええ、焼けちゃった……」

通りすがりの地元のおっちゃんは、そんなことはどうでもいい、といった表情で答えました。

於大公園南交差点の西北角に、かなりの面積の駐車場があり、数段の石段の上に寛永七、八年に建てられた、切妻造りの総門が見えます。

宇宙山は山号で、乾坤院は寺号だそうで、乾坤とは、緒川城からの方位を表します。易学上の命名です。山号とは、仏教の寺は、かつては山に建てられたので、比叡山・延暦寺とか高野山・金剛峯寺《こんごうぶじ》など、所在地の山名が山号になりましたが、その後寺は平地にも建てられるようになり、山とは関係ない山号がつけられるようになりました。

乾坤院は、於大の生まれる五十三年前の文明七年（一四七五）に、初代緒川城主・水野貞守により創建された曹洞宗の古刹です。平地なので、山の名前とは関連がありませんが、乾坤《けんこん》は「天と地」を意味するので、山号を宇宙山としたそうです。それにしてもこの山号は、なんだか新興宗教のようで、水野氏の菩提寺としては、いかがなものでしょうか。

総門をくぐり、鯉と亀が「何かちょうだい」と集団で集まってくる、池にかかる橋からは、天和二年（一六八二）に建てられた、入母屋《いりもや》造りの、質実・豪壮な二層式の山門が遠望でき、乾坤院全体の規模の大きさがうかがえます。

豪壮な山門前の広場に歩を進めると、どこからか茶トラの猫が、「ニャー」と、すり寄ってきました。寺を参拝するときは、習慣として、鳩でも鯉でも何にでも通じる、ドライ・キャットフードを持参するので、参拝は後回しでしばし茶トラと戯れます。

茶トラは満腹すると、尾をまっすぐに立て、先端を左右にフリフリして、「ニャー」と鳴きながら、どこへともなく去っていきました。

さて参拝。肝心の本堂ですが、昨年（二〇一六年）三月四日、十四時五十分ごろ、火元はロウソクの火と推察されますが、座禅堂、水野家代々の位牌を祭る堅雄堂共々に焼失したといいます。

歴史的にもまた文化財としても大変価値の高い建造物が、真っ昼間、それも無人でないのに全焼するなど、失火で済まされる問題でありません。

今は再建に向け、募金活動中だそうです。豪壮な山門の内側のがらんとした空間は、なんともはやむなしい限りであり、仮に再建されても、建物も内部の仏像、諸物もすべて今出来では、明治政府の蛮行で、緒川城遺構、刈谷城、阿久比の坂部城が、ことごとく破壊され、廃仏毀釈愚行を免れ、唯一残っていた約五百年前の歴史遺産・乾坤院本堂を実感することはできません。

境内の墓地には、水野家四代（水野家中興の祖・忠政、忠守、忠元、忠義）の墓所があります。この寺の総門は、廃城となった緒川城より移築されたものともいわれています。在りし日の緒川城をしのぶ唯一の〝遺構〟です。遠望できる壮大な山門に気を取られて何気なく潜り抜けてしまうので、約五百年の歳月風雪に耐えた建造物の歴史的な重みを、ぜひ実感してほしいものです。

緒川城主三代の墓

愛知県知多郡東浦町大字緒川字弥田

水野家初代城主・水野貞守が、乾坤院を創建し菩提寺としたのに、貞守（初代）、賢正（二代）、清忠（三代）の墓所は、乾坤院にはなく、史跡案内の地図によると、東浦町役場の南西にその所在が標されています。

東浦町役場の横の右回りの上り坂の道を進みます。墓所に通じる道の標識がどこにもありません。

「緒川城主三代の墓は、この辺りですよね」

「墓なら少し先を、右に曲がればありますよ」

地元の通行人に尋ねた通りに進むと墓地に出ました。

「ここじゃないな、こんな墓石集団ではないよ」

「この墓地は乾坤院の北端部分だなあ」

どうせこの近くだろうと、その先の小道を進んだのが間違いで、わけのわからない農道に迷い込み、そこを抜けだすのにずいぶん時間を費やしてしまいました。

「墓所の標識など、どこにもないなあ。急がば回れで、郷土資料館で尋ねよう」

「緒川城主三代の墓所への道がわかりませんね。ずいぶん丹念に探しましたが……」

「はいはい、あそこはわりにくくて」

「案内標識もありませんよ」

「すみません、主要道路のどこにもないんです……」

人のよさそうな、事務所のおじさんは、すまなそうな表情で、もみ手をしながら対応してくれました。

「緒川城主・貞守の墓が乾坤院になく、四代城主・忠政を含め四基の立派な墓が乾坤院にあるのはなぜですか」

「はあ、それも、よくわからなくて」

「……」

「緒川城主三代の墓所へは、何を目印に行けばいいですか」

「東浦町役場の横の道を少し上がると、職員の駐車場があります。そこの横の小道を入ってください。小道で、車は難しいので、今日は休日なので、職員駐車場に止めてください」

「その小道のどのあたりですか」

「だいたい、ここ辺りですかねえ」

職員は住宅地図を持ち出し、鉛筆で丸を入れてくれた。住宅地図には、コンビニの表示は記載されていたが、この重要史跡の表示は何もなかった。指示された小道を徒歩で進むと、道は右折し、さらに狭くなったので、ほんとにこの道かなと不安になり、草むしりしていた住人に尋ねました。

「そぐそこですよ。於大公園の出入り口の、横を入ってください」

於大公園の北端の出入り口の横の狭い道の奥の方に、細い杭のようなものが立ち、〝緒川城主・三代の墓所〞と記されているのがかろうじて読めました。

「これではいくら探しても見つからないわ」

表示柱の近くに墓はなく、右側の小高い小広場に上がると、ミニゴルフ場になっています。

「墓ないね……」

崩れそうで、粘土質で、おりからの小雨で不安定な、のぼり道をさらに進むと、木々で囲まれた狭い空間に〝小川城主・三代の墓所〞と刻まれた石碑があるが、そこにも墓はなく、さらに上がると、案内絵図に示された三基並んだ墓石に、やっとのことでたどり着きました。

「これでは見つからんわ。上、中、下段のすべてが木々で覆われ、下段から中段が特にわかりにくく、また史跡とはおよそ不似合いなミニゴルフ場を見たら、墓に行き着く前に、みんな帰ってしまうなあ……」

当時の緒川城の絵地図を見ると、城の南端は東浦町役場近くまでの規模で、通常城主の墓所は、城内には作りませんが、存在感のある城主の墓にしては、なんとも質素であり、城外の小高い小さな丘の上に、ポツンとある感じです。

自分が作った乾坤院に墓がなく、粗末な墓が三基ひっそりと……。謎は深まるばかりです。

乾坤院の墓所に、なぜ創建者・貞守の墓がない

乾坤院の〝水野家の墓所〟は、寺の創建時のものではなく、於大の兄・水野忠守の孫、水野忠義（岡崎城主）により、江戸初期になって建立されたもので、四基の石塔は、忠義の曾祖父の、四代緒川城主・水野忠政（於大の父）、祖父忠守（六代緒川城主）、父・忠

元（忠守三男、山川藩主）、そして水野忠義（岡崎城主）のものです。

そのころの乾坤院の記録には、「初代・緒川城城主・水野貞守（乾坤院の創建者）、二代城主・賢正、三代城主・清忠の三人の墓は、現存する於大公園北出入り口近くの丘上の、緒川城主三代の墓所で」という文章が残っていましたので、推測するに忠義は、こう考えたのではないでしょうか。

「水野家歴代の位牌を祀る、堅雄堂も建てたし、忠政と自分の座像も奉納した。ひいじいさんより過去の、初代から三代の墓は、ちと粗末だがすでに存在する。ここの墓所は、刈谷にもでかい城を作った実力者ひいじいさんから自分の四代で……まっ……いいか」

それにしても、初代、二代三代の墓は、代が刻されている以外は何の記載もなく、いくつかの疑問が残ります。

刈谷古城

愛知県刈谷市天王町二丁目

於大六歳のとき、父・水野忠政は、西三河への勢力拡大のため、川向こうの刈谷に、城を築いたという記録があり、於大も五年後に移り住んでいます。

於大の父・水野忠政のひいじいさん、初代緒川城主・水野貞守も、刈谷に城を築いており、刈谷古城として記録に残されています。平成大橋を渡り、刈谷市に入り、港町交差点の信号を通過し、次の松坂町交差点までの中間地点を、北に入る小道の少し先に、その遺構がありますが、忠政の本格的な刈谷築城にともない廃城となり、土塁などもそのほとんどが削り取られたので、城跡としての面影を残すのはわずかな高台だけです。そこにはビニールハウスが建てられ、訪ねると、おばちゃんたちが十人ほど集まり、ナスの苗の接ぎ木をしていました。

「ここが城跡ですか」

「そのようですよ。ほとんど削って壊したからね」

おばちゃんたちは、歴史に興味がないらしく、人ごとのように答えました。

刈谷城

愛知県刈谷市城町一丁目四十九

刈谷に本格的な城があったことなど、私は知りませんでしたが、刈谷の住人にきいても、ほとんどの人は知りません。

緒川城跡より東に向かい、平成橋を渡ると刈谷市に入ります。刈谷城は徳川に限りなく近いから、「どうせ明治政府にぶっ壊されているのでは……。でも、城跡くらいは残っているだろう」と、たまたま日曜日で公的機関はお休みなので、ぶっつけ本番で探訪を開始しました。

平成橋を渡ってすぐのガソリンスタンドに立ち寄り、中年の店長のような人にたずねました。

「緒川の水野氏の城のこと知りませんか」

「はあ、水野さんの城。レストランかなんかですか」

「ハイハイ、ありがとう」

それ以上の会話は意味がありません。城跡は通常、公園か小高い森になっていることが多いので、エリアは限られています。そのような場所を探すことにしました。

川沿いの道路のコンビニの裏手に、それらしい森があり、城跡と紛らわしい、神社の表示もないので、「これかな……」と、店内に入り、必要のないアイスクリームを買ってたずねました。

「裏の森は、城跡ですか」

「なんでしょうね」

「神社かな」

「なんでしょうね」

平日、名古屋とは近隣なので、市役所にでも問い合わせて出直そうかと帰路につき、北に向かってしばらく走ると、左手の球場らしき建物の北に隣接した道路脇に、なにやら曰くありげに立ち木に囲まれた、石柱があるではありませんか。

〝刈谷城跡〟見つけたぞ、見つけたぞ。

立派な外堀で囲まれた遺構の横のだらだら坂を上り、小さな広場に出ると、春祭りの準備か、脚立に乗ったおっちゃんが、ボンボリの配線工事をしています。

「ここは水野氏の出城跡ですか」

「はあ、城なんかないよ、公園じゃないの」

「……」

どうもこの日の刈谷は、日本語が通じないらしい。

そのとき、犬を連れて散歩していたお兄さんが、私とおっさんの会話を聞いていたのか、教えてくれました。

「ここです、ここですよ、刈谷城跡は。すぐ近くに刈谷市郷土資料館がありますから、そこを訪ねてはどうですか」

刈谷でやっと日本語が通じました。

本丸跡といわれているが、その面影はかけらもない、さほど広くない場所には、得体のしれない衣装を身に着け、醜怪なメークをした若者のコスプレ集団がたむろし、史跡の品格を著しく毀損、市民開放の広場であるから、しょうがないといえばそれまでだが、「場所柄をわきまえ、どこか、盛り場でやっとくれ」といいたい。

本丸跡の一角に建つ、二階建ての十朋亭は、大正五年（一九一六）に、士族会員の会合の場として建造され、その後刈谷市が買い取り、今は、市民に開放し、会合、レクリエーション、休息などに利用されている。

十朋亭の一階は、がらんとして空の倉庫のような雰囲気で、モニターがぽつんと一台置いてあり、在りし日の刈谷城の復元映像を見ることができます。なかなか良くできた映像だなあと、興味深く、粛々と鑑賞していると、例のコスプレ集団がぞろぞろ入って来て大声で話し始めました。

「やかましい、静かにしなさい」

「はーい」

あんぽんたんたちは、ぞろぞろと二階に上がっていきました。

映像のあとは、二階の構造と機能を観る予定だったが、その気が急速に萎えました。

亀城公園となっている刈谷城跡にほど近い郷土資料館は、昭和初期に建てられた小学校校舎を利用したもので、あまり存在感のない小都市の学校にしては、誠に重厚で、保存状態もきわめて良好、改めて刈谷市を見直ました（国登録文化財）。

水野忠政が刈谷に進出したときは、城ではなく館程度で、その後、今の場所に本格的な刈谷城を構築し、最初の館跡は、今は駐車場になり、跡形もないそうで、於大は、刈谷城が完成したころに、十一歳で緒川城から移り住んだのでしょう。

水野忠政が築城したといわれる（忠政ではないという、説もある）刈谷城は、三の丸まである本格的な城で、築城とともに城下も栄え、古地図で知るだけでなく、復元映像も作成されており、その威容を偲ぶことができます。

明治維新まで存在した刈谷城は、廃藩置県で、無教養な雑兵内閣・明治政府の所有物となり、於大ゆかりの椎の木屋敷の民間払下げを手始めに、明治四年（一八七一）には、武器、諸道具売却、明治六年には、大手門、三の門、四の門、仕切り門、二重櫓などを、十九に分散して売却、明治九年には、なんと、石垣をばらばらにして、叩き売るという、歴史観の欠片もない蛮行が平然と行われました。

現存する城跡は、堀の一部を除いては、城跡というよりは少し高台にある単なる公園で、世界に誇る我が国の歴史遺産を愛する者には、なんとも嘆かわしい限りです。

歴代刈谷城主

刈谷城は、九家二十二人の城主が治め、明治四年の廃藩置県まで、存続しています。初代刈谷城主は、於大の父・水野忠政が、勢力拡大のために刈谷に進出し、ひいひいじいさん、水野貞守が築いた古城とは別の場所に、本格的な城を築城し、緒川城は温存し、この城を水野家の本拠地としたことになっています。平成二十五年（二〇一三）で築城四百八十年。

忠政は、刈谷城築城の十年後に五十一歳で病死、先妻の子で於大の義兄・信元が五代緒川城主、二代刈谷城主となります。永禄三年（一五六〇）に起きた桶狭間の戦いの残党、鳴海城代・岡部正信が、忍者を使った急襲で火を放ち、城を守っていた忠政の三男・信近は三十一歳で討ち死にしますが、緒川城にいた兄の信元は、これを奪還します。

この桶狭間の戦いのとき、松平元康（家康）は、今川側であったので、大高城で孤立し、万事休すのところを、これを知った於大の義兄・信元が家来を送り、元康を無事岡崎城まで逃します。水野信元は元康にとっては命の恩人です。

その二年後、織田信長と松平元康は、信元の仲介により清州城で同盟を結びます。

信元の殺害（天正三年十二月二十七日）

天正三年（一五七五）、水野信元と仲が悪かった織田家の武将・佐久間信盛は信長に、進言します。

「殿、信元の奴は、武田方の岩村城に、兵糧を送っているらしいですよ」

「なんだと、直ちに使者を送って、真贋を確かめろ」

信元は驚いて、信長の使者に家老を同道させ、弁明のために信長のもとに送りましたが、道中二人は酒を飲んで喧嘩になり、切り合いの末、双方とも死んでしまい弁明は届きません。

「おい家康、信元は最近、武田勝頼の武将・秋山信友に兵糧を送るなど、通じていると、佐久間が申しているぞ。使者を送ったが、返事がない。殺してしまえ」

「しかし……、私は……、信元に救われたことがあるので……」

「だまれ、お前は、敵方の今川義元の配下だったから、信元に助けられたんだ。殺してしまえ」

信元は、家康を頼り岡崎に向かい、松平家の菩提寺大樹寺に身を寄せますが、家康は家来の平岩親吉を刺客に送り、斬殺させます（信元四十八歳）。そのときに、何の事情も知らされず、案内役を務めたのが、於大の夫の久松俊勝で、「かかる事とは知らず、信元を迎え来て、討たせしこと、無慙さよ」と、家康を深く恨んだという記録が残っています。

刺客役の平岩親吉は、信元の遺骸を抱きかかえ、「許してくだされ、信元殿。私怨はないが、君命（家康の命令）には逆らえず、やむなく刃を向け申した」と、涙して詫びたといわれている。

信元の殺害には、もう一つの説があります。

信元が殺害された、天正三年十二月に先立つ、同年六月の長篠の合戦の勝利により、甲斐の武田勝頼の三河への脅威が薄らいだことと関連があり、信元は短気であるが、武将としての力量はなかなかのもので、急速に、三河地方の領国支配を広げていました。

「家康よ、信元はこの頃、やたらと力をつけてきた。今の内に始末しておかないと、余にも、そちにとっても、やっかいな存在になるぞ」

「そうですよね。私も最近、いささか脅威を感じるようになりました。やりますか」

武田勝頼が、信長、家康連合軍に長篠の合戦で敗れ、多くの主な武将を失ったのは、信元殺害の七か月ほど前で、その後武田は、七年ほどで滅亡していますから、こんな落ち目の武田と、実力者・水野信元が組むわけがなく、謀殺である可能性が限りなく高いです。

桶狭間の合戦で大高城からの逃走を助けてくれた命の恩人である信元を、家康は殺害したことになります。不条理などめずらしくなく、〝あったりまえ〟のまさに弱肉強食時代ですから、問題の種になりそうなのは、早い内に摘んでおけということだったのかもしれません。

第二代刈谷城主・信元殺害後の刈谷城主

信元の死と同時に、ほとんどの係累も殺されますので、水野家は断絶し、刈谷城では、信長に讒言したといわれる佐久間信盛が城主になります。この佐久間も、その後、石山本願寺攻めの総大将を務めますが、武功が不首尾であると、信長により高野山に追放されます。

信長という人物は、人使いがきわめて荒く、疑い深く、その上に、部下の武功が芳しくないと、問答無用で、すぐに追放か左遷することが多々あり、要領だけで成り上がり、打たれ強いあの秀吉でさえ、信長に柴田勝家とともに援軍に向かうことを命じられたとき、他の戦域で手いっぱいのため勝家と口論になり、無断で兵を引き、信長に殺されかかったことがあったくらいです。

本能寺の変は、起こるべくして起こったのでしょう。

信元には、腹違いの弟・忠重(於大の弟で、母は於富)がおり、信元とともに信長に属し戦っていましたが、信元と不和になり、家康の配下になっていたので、信元誅殺の巻き添えから免がれていました。

佐久間信盛の追放の後、殺された信元は冤罪であったことが判明し、水野家は再興され、兄・信元の死後五年で、天正八年（一五八〇）、忠重は三代目刈谷城主になります。なお信元には、三歳の息子がおり、乳母の手で岡崎に無事逃亡し、土井家の養子となり、この子がその後、三代将軍・家光の大老を務める土井利勝であることは前述しました。

忠重が三代刈谷城主になって二年後、天正十年（一五八二）に本能寺の変が起こり、信長は自刃しますが、そのとき、忠重は京に滞在中でした。信長の配下ですから、当然光秀の軍勢の標的になるので、東福寺近辺の山林に隠れ、その後、後霊源院にかくまわれ、機をみて刈谷に逃げ帰ります。

天正十三年（一五八五）頃になると、信長の次男信雄の家臣になりますが、天正十四年頃からは、秀吉の配下にその名が見られ、天正十五年の九州出兵、天正十八年の小田原攻めにも従軍しています。

北条氏滅亡により、家康は、北条の旧領、武蔵、相模、伊豆、上野、上総、下総、の六国を手中にし（未だ、秀吉の天下）、江戸城を本拠地としたのもこの時代です。

慶長五年（一六〇〇）、七月十九日、（関ケ原の合戦は、九月十五日）、越前の国・府中の城主・堀尾吉晴が、浜松から国元に帰る道中、美濃の国（今の羽島市あたり）の城主・加賀野井秀望とともに、池鯉鮒《ちりふ》（今の知立）で忠重と会食します。

三人は豊臣配下の大名として旧知の間柄でしたが、酒宴の最中に、秀望が忠重を切り殺し、堀尾吉晴も手傷を追いますが、秀望を刺殺するという事件が発生します。

信元の家老と信長の使者も、酒席で喧嘩となり、双方切り死にしましたが、今回は、三大名の酒の上でのいさかいで、刀を振り回しての殺傷事件、戦国の世では、大名といえども、人殺しが家業の連中で、常時、刀が手元にあるので始末が悪いです。

酒癖の悪い人は、飲酒で顔が赤くならず、目が座り、顔色は青ざめ、突然に怒り出す傾向があります。キャバレー全盛期のことです。ある知的な団体の会長が、ご機嫌で飲酒中、顔が青ざめだし、「これは危ないなあ」と思っていたら、自分の面相の悪いのは棚に上げ、「女が来ない」と、突然テーブルをひっくり返し、同席の部下が、近隣の客に平謝りしているのを、目撃したことがあります。

このたびの事件は、大名同士の酒宴なので、当然家来は控えていただろうし、おそらく秀望が、何らかの理由で突然怒り出し、防ぐ間もない忠重に、いきなりに切りつけ即死させ、同席の吉晴は、「秀望……お前何するか……」と、おっとり刀で、凶行した秀望に切りかかり、秀望は反撃したが、吉晴の方が強かったので、吉晴は手傷、秀望は討ち取られる、といった状況ではないでしょうか。

いさかいの原因には、諸説がありますが、三人は敵対関係にはなく、豊臣配下の同士ですから、秀望の酒乱による凶行の可能性大です。前出の会長のように、テーブルをひっくり返すくらいでやめておけば良かったものを……。

第四代刈谷城主

忠重が斬殺されたとき、忠重の長男・勝成は、家康の上杉討伐に従軍していましたが、忠重の訃報を受け直ちに帰国、家康の命により、勝成は四代・刈谷城主となります。

勝成はなかなかの剛の者で、天正十二年（一五八四）、小牧・長久手の戦いでは、父忠重とともに参戦し、一番首を上げ、その後の蟹江城（今の蟹江町）の合戦でも武功を上げます。しかし、桑名の陣中で、忠重の寵臣、富永半兵衛の親子仲違いを目論んだ讒言により、忠重は勝成を勘当します。

勝成は、富永半兵衛を斬り出奔し、その後秀吉に仕えますが、天正十四年（一五八六）、父・忠重が秀吉の配下になったので、おなじ家臣ではまずいと、浪人し、備後国（広島県東部）を流浪します。そして、慶長二年（一五九七）、備中国（岡山県西部）、三村紀伊守成親の元に身を寄せ、娘を室に迎えています（室は本妻（正室）でなくとも、側室にも室が使われるので、どちらかは不明ですが、正室でしょう）。

流浪の身で、大名の娘を室にしたということは、今は訳あって浪人だが、勝成の武勇と、その出自が名門であることは、よく知られていたのでしょう。

翌年の慶長三年（一五九八）に秀吉が死に、家康と三成との間が険悪になったことを知った勝成は、伏見城に上がり、ひそかに家康の警護を行い、慶長三年三月、家康に謁見し、その取りなしで、父・忠重と対面し、実に十四年ぶりに勘当を解かれます。

慶長五年（一六〇〇）七月十九日、父・忠重が殺害されると、家康から四代刈谷城主を命じられます。九月に関ケ原の合戦が始まりますが、この合戦での勝成の持ち場は主戦場ではなく、また、合戦はわずか一日で東軍勝利となったので、武功をあげるチャンスがなく、恩賞を得ることはありませんでした。

しかしながら、翌年の慶長六年（一六〇一）五月には、従五位下・日向の守の官位を授かり、慶長十九年（一六一四）、冬の陣が始まると、勝成は、十六歳の長男・勝重とともに出陣し、家康の陣所の後備を務め、翌年の元和元年（一六一五）の夏の陣では、大和田口の先鋒・大将として、豊臣方の後藤又兵衛の軍勢と激戦し、また船場の戦いで、明石掃部介の軍勢を打ち破り、城内に攻め込み、一番首を上げるなど、華々しい武功を上げていきます。

冬の陣では、総大将（家康）の警備につき、重任だが武功のチャンスがないために、恩賞を得ることができませんでしたが、夏の陣では、勝成の本領である、武勇をいかんなく発揮し、元和元年（一六一五）、大和国郡山（奈良県大和郡山市）に、三万石加増で転封（国変え、移封）、さらには、五年後（元和五年）備後国福山に、四万石加増で十万石の大名に栄達します。

転封という国替え制度は、短いスパンで繰り返され、百姓はそのまま残り、領主、家臣の武士団だけの移動で、石高加増の栄転と、懲らしめるための僻地移動がありました。また、領地替えにより、新田開発や移動のための費用を使わせて謀反の牙を抜く目的など、権力者の思惑があったようです。

備後国は、浪々の身での流転の地であり、また、東隣の備中国は、逆境の身を手厚く持て成され、室まで迎えているので、このたびの勝成の大いなる出世は、面目躍如たるものがあったことでしょう。

山陽地方は、外様大名の勢力圏であり、まだ政権基盤が十分には固まっていないと考えた家康は、武勇で名高い、従兄弟の勝成を転封させ、いつ反旗を翻すかわからない外様大名に、睨みを利かすという思惑があったのでしょう。

勝成は、江戸時代最後の城郭となる、福山城を完成させ、寛永十六年（一六三九）に家督を長男・勝俊に譲りました。徳川の世もすでに三代将軍・家光の時代となり、平穏な日々の継続で、鬼日向と恐れられた勝成は、反面、俳諧を愛し、ときは演能を楽しむなど、文化的素養にもすぐれ、八十八歳という驚異的な長寿で、慶安四年（一六五一）、その波乱に満ちた生涯を終えています。

第五代刈谷城主

勝成の弟の清忠は、兄勝成には実子があったので分家し、上野国甘楽郡小幡（群馬県甘楽郡）一万石を賜っていました。

清忠は、慶長七年（一六〇二）従五位下隼人正に叙任し、のち秀忠に仕え、大坂夏の陣では旗本先備となり、阿部野に布陣しますが、青山忠俊と軍功に関して、争い事を起こし、閉門の叱責を受けます。

土井利勝（信元の末息子で、父が殺害された時は三歳であったので、辛くも皆殺しをまぬがれ、土井家に匿われ、土井家の養子になり、大老まで出世する）、本多正純、松平正綱たちは、「ちと、軽薄であったが、夏の陣では頑張ったし」「兄の勝成殿は、大いに出世している」「それに何といっても、上様のご生母の血縁」「ここは勘弁して」と、取りなされ、病床の家康の命で、元和二年（一六一六）、一万石加増の二万石で、五代刈谷城主となりますが、勝成転封よりそのときまでの八か月ほどは、刈谷城は城主不在でした。

刈谷城主を十六年務めた後、寛永九年（一六三二）に二万石を加増され、三河国吉田（豊橋市）城主となり、その後、信濃国松本（長野市）の松本城七万石の城主となります。

刈谷城の水野家支配は、五代城主清忠をもって終わり、初代から廃藩置県まで九家二十二人の藩主が治めた刈谷城は、江戸期を否定した明治政府により、原型を留めないほどに破壊されたことは、恥ずべきことです。

椎の木屋敷跡

愛知県刈谷市銀座六丁目

天文十二年（一五四三）、於大の父・水野忠政が亡くなり、腹違いの兄・信元が跡目を継ぐと、信元は今川から織田寄りに方向転換しました。「そうか、水野は織田方につくか、ならば今川に申し訳がないなあ」と、松平家の当主弘忠は、正室の於大を離縁し、水野家に戻しました。姉の於上も、同じ時期に松原松平に離縁され、水野に帰ってきました。

戦国大名の妻や子女は、人権や本人の意志は認められず、ほとんどの婚姻離婚は、時々のご都合で行われ、五度も嫁がされた例なども珍しくありません。家康でさえ、冤罪で信長に正室を殺され、猿とさげすまされた秀吉の妹で水飲み百姓の嫁を、後妻に押し付けられています。

於大が出戻ったころの水野は、拠点を東浦から刈谷に移動していましたので、於大は阿久比の坂部城主・久松信俊と再婚するまでの三年間ほどを、刈谷城の道を隔てて東にある椎の木が生い茂る丘の椎の木屋敷と称される館で、姉と暮らすことになります。

江戸期は霊場として、一般の立ち入りは禁じられていましたが、明治四年（一八七一）、井野氏がこの地を買い受け、庭園や新たな庵などを設けました。その後宅地化が進み、面影は喪失しましたが、昭和五十五年（一九八〇）、刈谷市が土地の一部を買い上げ、刈谷市指定文化財に指定しますが、於大の暮らした屋敷などの遺構は現存しません。

刈谷市立亀城小学校と正覚寺に挟まれた、少しわかりにくい場所に、椎の木屋敷跡が存在し、由来の碑、庭園、於大の石像などがあります。

坂部城（阿久比城、英比城、阿古屋城）

愛知県知多郡阿久比町卯坂字栗之木谷三十二

かなり以前の大河ドラマ「徳川家康」で、阿久比の於大が、政略離婚で岡崎に残してきた竹千代（後の家康）のことを慮《おもんばか》る、母の慈愛に満ちた感動的なシーンがあり、大方の人には、於大は〝阿久比の人〟というイメージがあります。

しかしながら、於大が阿久比で暮らしたのは、十六歳で父・忠政をなくした後、兄・

信元により、政略再婚させられた二十歳から、再婚相手・久松俊勝（於大の二歳年上）が、先妻おかんとの間の嫡子・信俊に坂部城主を譲り、於大と於大との間の三人の息子を連れて阿久比を離れ、岡崎の城代として移るまでの、十五年ほどです。

当時の城の名称は、そのほとんどが地名で、前述のように、いくつかの名称で呼ばれていますが、城跡は、阿久比町の概ね中央部の、「坂部」の小高い丘の上にあり、歴史資料では、坂部城となっています。名鉄河和線・坂部駅の西南五百メートルほどに位置します。

於大の生まれた緒川城は、知多半島基部の東岸で、再婚先の久松俊勝の居城は、緒川城の西南八キロメートルほどの知多半島中央部に位置し、東西四十間、南北五十間で、緒川城に匹敵する規模であったようです。

久松氏は、尾張守護・斯波《しば》家に属する国主で、斯波家が没落した後は、織田信秀（信長の父）に鞍替えし、久松俊勝（於大の再婚相手）の時代は、常滑の佐治氏と争っていましたが、佐治の娘・おかんとの政略結婚で和睦します。おかんとは、下々の言葉では母親を意味しますが、ここでの「おかん」は、「お」は敬称の於で、名前は「かん」です。歴史資料では、それにあたる漢字の記載がなく、ひらがなで「おかん」と記されています。

このおかんも、政略離婚され、後妻に迎えたのが於大です。きっと水野氏との融和の方が有用になったのでしょう。

坂部城に関する文献は、ほとんど何も残っていませんが、幕末の文献『張洲府志』を参考にすると、永正七年（一五一〇）に没した、俊勝の祖父の久松定益の築城で、二代城主はその子定義、俊勝は三代城主です。

久松俊勝は今川の重臣、鵜殿長照の上ノ郷城（蒲郡市）を攻撃し、城主となったので、先妻おかんとの子・信俊に坂部城を譲り、また、上ノ郷城には、於大との次男・松平康元を城主に据え、自分は、岡崎城の城代を務め、天正十五年（一五八七）六十二歳で没します。

於大の腹違いの兄・水野信元が、信長の命で、家康の家臣に誅殺（謀殺）され、水野氏が一時滅亡に瀕した天正三年（一五七五）から、水野氏の拠点・刈谷城を支配していた、佐久間信盛が、天正五年（一五七七）、「久松信俊謀反の廉《かど》（疑い）あり」と、また信長に讒言《ざんげん》（告げ口）。

「なに、信元謀反に懲りず、今度は阿久比の久松信俊が、謀反……。殺してしまえ」

坂部城は、信長の命により、佐久間信盛に攻められ落城炎上し、城主の久松信俊とその子たちは殺され、阿久比久松家は断絶しました。その後、城は再建されませんでした。

家康が信元殺しに家臣の刺客を送るとき、於大の夫・久松俊勝が事情を知れば、信元を助ける可能性があるので、事情を伏せて久松俊勝に案内役をさせました。「家康に騙された」と、俊勝は大いに怒り、西郡城（上ノ郷城）に隠退してしまいますが、その後、岡崎の城代を務めるなど、家康とは、協調路線に戻っています。その経緯はよくわかりません。

「信元殿は冤罪で、息子・信俊は佐久間の讒言で殺された」「信長も思慮が浅いは」「家康の信元殺しは、君命ならいたしかたないか……」「あああ、これが戦国の世の習いかい……」と、久松俊勝は諦めたのかもしれません。

久松俊勝と於大との間の、家康とは異父弟の三人の息子、康元、康俊、定勝は、松平の姓を名乗り、長男康元は、父俊勝の上の郷城主を継ぎ、次男康俊は久能城主に、三男定勝は大垣城主と、三人とも大名に取り立てられますが、幕末まで後継者が続いたのは、定勝だけです。

龍渓山久松寺《きゅうしょうじ》洞雲院（於大の遺髪を収めた寺）

愛知県知多郡阿久比町卯坂英比六十七

久松家の菩提寺・久松寺は、平安時代の天暦二年（九四八）菅原道真の孫・菅原雅規が開基し、天台宗の寺として創建したと、寺伝には記されています。

平安時代に創建された古刹と、室町期の戦国大名の久松氏とは、どこで繋がったのか、という疑問が生じます。

戦国大名は、家柄をごまかす輩がウヨウヨといて、まともなのは、今川義元くらいです。この古刹と久松氏との関連を、もう少し検証してみましょう。

平治の乱に敗れた頼朝の父（義朝）が、知多半島の野間を仕切っていた長田忠致を頼り、身を寄せますが、そこで、長田の裏切りで殺害されます。義朝を弔う野間大坊があるように、知多半島は流刑地や隠遁に関連が深い印象があります。

菅原道真は、儒家の生まれで、幼少のころから、詩歌や学問に優れていたことは事実ですが、政治に関わる者として、出世する家系ではありません。それが、宇多天皇の覚えめでたく出世し、皇族との姻戚関係なども持ち、後醍醐天皇の世ではさらに出世し、ナンバー2の右大臣にと、破格の昇進をします。面白くないのは、本来、政治の本流の家系に育った面々です。

「道真のやつ、調子に乗りよって、もう我慢ならんぞ……」と、「道真が後醍醐天皇を廃位し、娘婿の擁立を図っている」と、誣告《ぶこく》（事実を偽り、告げる）され、大宰府に左遷というより流刑されます。

大宰府といえば玄界灘に面した九州のはずれ、今では、大宰府跡の石碑以外は何もない、草深い田舎ですが、当時の大宰府は、朝鮮や中国との外交・防衛を担う、かなりの規模の地方庁です。長は地方長官の地位にありましたが、道真は無役の員外師で、早い話が流人で、都に帰ることも許されず、この地で没しています（享年五十八）。

「東風吹かば　匂ひおこせよ梅の花　主なしとて　春な忘れそ」は、道真が都を追放されるときに詠んだ恨み節です。分相応に文官で終われば、こんなみじめな思いをしなくて済んだのに……。

道真の死後、都では天変地異が重なりました。非科学的な当時は、道真の恨みと思い込み、慌てて学問の神・天神様と神格化しています。しかし、道真は、権力に目がくらみ、節操を失い、分をわきまえず、本流の人たち怨嗟の的になり、左遷された、あまり縁起の良くない人です。

さて、話は戻って、阿久比で久松寺を創建した、道真の孫の雅規ですが、道真追放のとき、父・高視も左遷され、孫の雅規も尾張に流されましたので、その地が阿久比だったのでしょう。

阿久比という地名の記録は古く、藤原宮跡より出土した六九四年と記年がある木簡には、「阿具比里」と記され、平安時代以降は、知多郡英比郷と呼ばれていたので、この地に道真の孫が流されてきても、おかしくはありません。

南北朝のころ、後醍醐天皇の家臣・藤原定長の子、藤原定範が、知多の目代となり、この地に根付き、定長の先祖・藤原雅規の幼名・久松麿より、以降は藤原から久松姓を名乗ったといわれ、それが、於大が再婚した久松俊勝にとつながるという筋書きです。ただし、寺伝などが主な根拠なので、「何とか、かんとか、繋がるわなあ」という程度に思っておいた方が、よさそうです。

村木砦跡（二十歳の信長が火縄銃を初めて実戦に使った合戦）　愛知県知多郡東浦町大字森岡字取手三十

知多、渥美の両半島に囲まれ、南に展開する湾は、西が知多、東は渥美湾といいます。知多湾の北の根元は衣浦港で、さらに北方では、逢妻、境川の両川に分かれていますが、戦国の世では、海は今よりかなり北に向かって、湾として広がっていました。

名門今川義元の、尾張への勢力拡大の企みが顕著になると、新興の尾張守護代の傍流で、成り上がりの新興勢力の織田とは、随所で摩擦が生じます。

東の対岸に水野の刈谷城を望む砂浜に、衣ヶ浦に出張るような小高い砂丘があり、今川がこの丘に砦を築いたのは、於大の義兄・信元が、父・水野忠政の死により家督を次いで八年目のことです。

水野信元は義妹・於大の息子・竹千代（後の家康）を、今川の人質に差し出していましたが、今川と織田を天秤にかけ、すでに信長方への臣従の姿勢を示していましたので、今川方としては水野信元への威嚇と、織田信長への牽制のための砦だったのでしょう。

村木砦と呼ばれたこの砦は、水野の緒川城からは北に約二キロメートル、対岸（当時は海）の水野の刈谷城からも二キロメートルで、水野にしてはのど元に刃を突き付けられていたような嫌な存在です。砦は三か月ほどで完成し、千名ほどの今川勢が守りについていました。さらには、水野の緒川城の西方七キロメートルほどの寺本（今の知多市）には、室町のころから花井氏の居城寺本城があり、寺本はすでに今川の配下に属していましたので、水野は、西北と今川勢に囲まれたことになります。

今川からは、水野に臣従を促す使者がときどき来るくらいで、砦から攻めてくる気配はなく、守備兵力も三百ほどに減じていましたが、築城（築砦）から半年後の天文二十三年（一五五四）一月、信長から信元に、居城那古野城は、舅の斎藤道三に留守を委ね、自身が出陣するとの知らせが入り、一月二十二日、信長勢は陸路を花井氏に閉鎖されたため、熱田から海路を取り、大井で一泊の後、知多半島の先端を回り、翌二十三日には水野の居城緒川城に入城します。

村木砦攻めは二十三日の朝から始まり、このとき信長は、初めて火縄銃を実戦に使用し、鉄砲に不慣れな今川勢は、矢の届かない距離からの射撃で総崩れ、砦は数時間で陥落し、新興勢力の織田勢は、出先砦とはいえ、名門今川勢を破ったことになります。翌日信長は、道路閉鎖をした寺本氏（今の知多市寺本）の城下を、報復として焼き払い、帰路は陸路で那古野城に凱旋します。

村木砦はすべて焼き払われ、その後、海は埋めたてられ畑になり、堀も埋められ道路になり、砦の面影は消滅です。

この村木砦の合戦は、大規模な戦ではありませんが、『信長公記』に大きく取り上げられているのは、その六年後の桶狭間の戦いで、宿敵の名門今川義元を、影武者を活用したおとり作戦と奇襲で打ち取り、さらには長篠の合戦で、強豪武田の騎馬軍団を、弾込めの時間を短縮する、三段構えの射撃法で撃退し、天下人としての道を駆けあがる、大きな起点となったからでしょう。

戦国の世の城や砦は、あくまでも合戦のための実用を目的としたもので、姫路城や名古屋城のような、壮大な天守閣などなく、堀を掘り、その土を盛り上げて土塁とし、柵を作り、物見櫓を建てるなどの簡素なもので、敗戦の後は、壊滅的に叩き潰し、焼き払うのが通常で、後世に遺構として残す気などさらさらありません。

村木砦も、入り江や堀は埋め立てて畑に、さらには明治十八年（一八八五）に鉄道や道路が、砦跡を蹂躙するなど、その後の破壊が著しく、戦国史の一つの起点となった遺構としては、無残なかぎりです。

武豊線・尾張森岡駅を下車、鉄道沿いの道を北に約四百メートル進むと、戦いの十七年後、水野信元の家臣が、両軍の戦死者の霊を弔うために建立した八剱神社があり、その一帯が村木砦跡です。石碑や案内看板などがあり、砦跡の南東六百メートルほどにある村木神社は、信長が、攻撃のために布陣した場所といわれています。

砦は、東に大手門、西には搦手門《からめて》（裏門）、南には橋のかかった大きな堀、北は天然の要害というのが当時の構造で、砦跡の道路を隔てた南測、今は個人の庭になっている場所に処刑場跡があり、砦の構築に加担したというよりは、協力させられた村人などが処刑された場所で、邸内には石碑が立ち、今でも供養が行われています。

西の搦手門は、信長の叔父、織田信光が攻撃しましたが、信長の父・信秀に臣従していた身内の武将たちは、未だ得体の知れない二十歳の信長を信用できず、村木砦の戦に参陣したのは、叔父の信光だけです。

そのときの本陣跡が村木神社の近くにあり、八剱神社の看板には、後廻間《うしろはざま》と記されていますが、地名は残っていません。東浦町森岡中町あたりが、かつて後廻間と呼ばれており、そこに少し小高い丘があり、村木砦を見下ろすことができるので、そこが、織田信光の本陣が敷かれた場所であろうといわれていますが、遺構らしいものはありません。

信光本陣跡より少し北に、飯喰場《いくいば》という東浦町教育委員会の解説看板が立っています。戦勝を祝い、ねぎらいの酒盛りを行った場所とありますが、酒盛り場ですから、遺構のようなものはなく、今は閑静な住宅地で、この近くに、この合戦で討ち死にした戦士たちの、遺体を埋めた首塚があったと伝えられていますが、今日では場所の特定はできなくなっています。

お江ゆかりの大野城

愛知県常滑市金山字城山

知多産業道路を南下し、常滑市に入ると、左手に小高い丘が始まり、さらに少し進むと、五月の新緑の間から、小さな城が見えます。

「あれが、大野城かな」

「信長の妹のお市の三女、お江が輿入れしたにしては、いささかへんぴじゃない」

「右に伊勢湾で、周囲には何にもない……」

「コンビニもないし」

「お市は退屈しただろうな」

「あっ、コンビニあった。当時は関係ないか」

現存する大野城もどきは、大野城の復元ではなく、城跡のモニュメントですが、この城は、織田、水野、久松と大きな関わり合いがあります。

一三五〇年頃、三河守護・一色範が、知多半島に進出し、その子、一色範光が大野城を築城しますが、尾張守護・土岐氏に奪われ、その家臣・伊勢湾の海賊出身の佐治が城主となり、四代百年に渡り支配します。

三代城主・佐治信方は、桶狭間の合戦で信長につき、信長の妹お犬の方（お市の方の姉）を嫁とし、信の一字をもらい信方を名乗りますが、長嶋の一向一揆鎮圧の戦いで、二十代前半で討ち死にします。

四代城主・佐治一成は、お市の方の三女・お江を嫁にするなど、時の権力者信長と強い血縁で結ばれていました。このお江の話は、大河ドラマにもなりました。この辺りの出来事は、いろいろな形で登場しますが、大河ドラマはあくまでドラマで、史実とは違ったことが付け加えられることもあります。

広くもない知多半島は、南から、佐治氏、久松氏、水野氏と、お互いに覇を争っていました。それぞれの居城の間の距離はせいぜい六、七キロメートルで、それなりの規模の城を有していました。狭い領地で築城に駆り出されたりして、領民の負担は大変だったでしょう。

領主と農民は隷属関係で、ご無理ごもっともと、領主の言いなりのように思われていましたが、実際は、年貢の割合などは、領主と農民の契約により決められていました。灌漑などのインフラ経費は領主持ちで、さらには、農民は武装しており、年中紛争を起こし、その解決が、領主の主な役割であったようです。

いずれにしても、狭い地域での紛争の連続では、お互いに持ちません。その解決策が政略結婚で、阿久比の坂部城主・久松俊勝は、佐治氏の娘・おかんを嫁（再婚する於大の先妻）に、緒川城の於大の弟、水野忠分は、佐治氏二代目大野城主・為貞の娘を嫁にするなど、三氏はなとかかんとか和睦を保っていました。しかし、このころの政略結婚は、いとも簡単に政略離婚しますので、実に不安定な和睦です。

天正十年（一五八二）に本能寺の変が生じ、信長と長男・信忠が殺されると、秀吉は、信忠の幼児（三法師）を後継ぎに掲げ、名目後継人は三男織田信孝、実質後継人は秀吉と、実効支配を企んだことは有名な話です。

信長の次男、三男は、健在でしたから、信長殺害後の織田家の後継者を、自負していたであろう次男・信雄《のぶかつ》は、「おのれ下郎のサルめが、出しゃばりおって……。光秀ごときは、自分が討つ予定を、先駆けしたな……。柴田勝家は、弟の信孝を擁立するのか……」と、憤懣やるかたなしだったでしょう。しかし、柴田勝家と秀吉の争い、賤ヶ岳の戦いが生じると、織田信雄は、あんなに嫌っていた秀吉に味方し、勝家を、さらには岐阜城の弟・信孝を攻め、自害に追いやっています。

その後、秀吉との関係が険悪になると、家康と同盟を組み、小牧・長久手の戦いでは、織田信雄、徳川家康連合軍で、秀吉を相手に戦いますが、家康に断りもなく、領土の一部を渡すことで、秀吉と和睦し、臣従しますので、主従関係が、ここで逆転という、恥さらしな結果になります。

ともかく、この信雄という次男坊は、まことに優柔不断で、信長というスーパースターの子にしては、バカ息子といわれてもしょうがなく、晩年は京都に隠居し、鷹狩りや、茶の湯を楽しみ、七十三歳まで馬齢を重ねます。

さて、お江を嫁にした佐治一成は、織田家の血族として、秀吉に優遇されていましたが、小牧・長久手の戦いでは、家康軍として参戦したため、秀吉の怒りをかい、戦後、お江とは離縁させられ、所領は没収のうえ追放になり、六十六歳で京都で病死します。元をただせば、「水軍、いや海賊じゃない」といわれた佐治氏は、四代、約百年で、大野城主の幕を閉じます。

その後の大野城は、天正十二年（一五八四）頃、織田信長の弟の、織田長益の所領になりますが、水利がよろしくないので、大野城の北を流れる小さな川、矢田川の対岸に大草城を築城し、移転し、大野城は廃城となります。

水野氏の常滑城（城下は繁栄し、小京都のようだった）

愛知県常滑市市場町五丁目七

於大の生家、緒川城主水野家は、知多半島の要衝を掌握すべく、大高や常滑に一族を配していましたが、常滑水野家は、同じ常滑の北の端の、大野城主・佐治氏との対抗上の築城で、その距離わずかに五・三キロメートルです。

築城の正確な年月は不明ですが、初代城主・水野忠綱（於大の父・水野忠政の弟）の没年は享禄二年（一五二九）なので、それ以前の築城で、水野本家の刈谷城より、二十年以上前ということになります。

城は、東西八百メートル程の規模で、城主は代々監物をミドルネームにし、織田家の支配下にありました。三代城主・水野守隆は、天正十年（一五八二）の本能寺の変で、光秀に味方し敗軍になり、常滑城を退却します。明智光秀は、織田の重臣ですから、守隆は、織田家の光秀派に与した、という方がわかりやすいです。

常滑城の水野支配は三代で終わります。

その後は、信長の次男で、織田家の後継者になり損ねた織田信雄の家老・岡部重孝が城主になり、天正十二年（一五八四）、岡部が織田信雄に殺されると、天野五右衛門が城主になりますが、三代刈谷城主・水野忠重に攻撃され、落城し廃城となります。

常滑という狭いエリアに、なぜ二つもの城があったのか。

海賊（水軍ともいう）出身か、といわれる佐治氏は大野港、常滑水野は常滑港と、それぞれ伊勢湾に面した港を領内に有していますが、猫の額のような、狭い領土からの年貢では、城や家臣の維持はとうてい困難なので、海上交易を、主要な経済基盤の一つとしたと考えられます。

名古屋の東部に、猿投という地があり、猿投窯として栄えますが、その技術が十二世紀の初め、常滑に伝わり、十三世紀から十五世紀（鎌倉〜室町時代）、猿投、渥美（陶器のグレードはあまり高くない）の窯業は衰退しますが、常滑は中世最大の窯業地に発展します。常滑焼は、大型で頑丈な壺などを得意とし、実用を重んじましたので、茶道にかかわる美術陶芸に転換したのは、備前や丹波などからは大きく遅れ、江戸後半（十九世紀）になってからです。

水野と佐治が、常滑で覇を争っていたころは、常滑焼の最盛期と符合しますので、対岸の伊勢などとの、主要な交易品だったのでしょう。

今日の常滑は、陶磁器不況で元気がありませんが、水野、佐治時代の常滑には、応仁の乱など、繰り返される戦乱で、すっかり廃墟化した京の都を逃れた、公家や歌人などの多くが、逃避地として逗留しており、歴代常滑城主は、連歌、茶の湯など、京の文化に親しみ、好景気の城下街は、京文化の香に満ちていたようです。

三代城主・水野守隆は、武人としてよりは文化人で、物資調達や輸送の才を信長に認められ、多くの合戦に参戦しますが、常に後方支援活動でした。本能寺の変で、明智光秀についたのは、連歌の会などでの親しい付き合いで、文化人同士でフィーリングがあったからでしょう。

常滑城を捨て、妻子を忘れて、京の嵯峨野で、茶の湯、歌会三昧の隠遁生活をしていた守隆は、慶長三年（一五九八）の北野の茶会で、秀吉に見つかり、自害させられたという説もあります。なお、水野守隆の正室は、信長と家康に謀殺された、於大の腹違いの兄・水野信元の娘で、二人の間には、嫡男・新七郎がいますが、小牧長久手の戦いで、十七歳で討ち死にしています。

天正十年（一五八二）六月三日深夜。本能寺の変で、伊賀越えをし、白子海岸から命からがら逃げ延びてきた、家康主従が岡崎に逃げ帰る途中に、常滑城を訪ね、家康の従兄妹にあたる守隆の正室が、逃走資金、食料、馬などを取り急ぎ用意したという話も残っています。今は見る影もなく取り壊され、小高い丘に、遺構を示す木杭一つ、淋しく残る常滑城には、多くの風雪がありました。

常滑城跡

国道２４７号の、奥条４交差点を西に入り、山方橋の信号を左折、百メートル程南下すると、左側に天理教・常滑分教会の大きな看板があり、そこが城跡という情報があります。

そこまでたどり着くことは容易ですが、現地には城跡らしき気配はまったくありません。何かないかなあと探していると、天理教の大看板の下に、雑草に埋もれそうな小さな石柱があり、やっと判読できる程度の文字で「常滑城跡」と刻されていました。

「おかしいなあ。常滑城は高台のはずだが、ここは、ただの平地じゃない……」

史跡探訪でいちばん困るのは、史跡周辺には、まるで人影がないことです。途方に暮れていると、隣接の民家に車で帰ってくる人がいました。

「おいおい、そこなる町人、常滑城の遺構はここであるか……」

そんな聞き方では答えてくれないので、「すみません、常滑城の城跡はここですか」

「そうですよ」

「平地で何にもありませんね」

「道を隔てた西側の小道を上がると、もう一つ城跡がありますよ」

小道は、とても車が入りそうもないので、西側からのアプローチを試み、山方橋信号の、もう一つ西の小道を左折すると、遺構の崖を無粋なコンクリートで固めた崖下に到達。急な階段を上がると、右手に草ぼうぼうの小さな広場があり、石柱と表示坂のようなものが見えました。近づいてみると「常滑城跡」「築城後五百年記念」「常滑市制五十年記念、平成十六年十月」と読み取れる簡単な表示板もあり、フェンス越しの眼下に、常滑港と遥か伊勢湾が展望できました。

「この粗末な広場が、かろうじて遺構かい……。ひどい話だ」

草ぼうぼう広場の北には、崖淵ぎりぎりに正法寺という小さな寺があります。初代城主・水野忠綱は、城主の座を二代目に譲り、頭を丸めて城の西端に庵を建て、恩師・天澤院の住職の位牌を祀るとともに、伊勢湾を航行する船の監視をしたと伝えられ、その庵跡が正法寺（地蔵堂）だそうです。

「出家しても、怪しい船の監視とは……。結構な生臭坊主だ」

さて先程訪ねた、この遺構の東の、天理教分教会と駐車場になってしまった場所は、城の遺構というより、跡形もなく削り取り、平地にしてしまって、この辺りに城の一部があったんだよという程度のものです。

正法寺のインターフォンを押しましたが、応答がありません。しばらく待っていると、若い坊さんが顔を出しました。

「こんにちは、ここが表示板の正法寺ですね」

「そうです」

「歴代城主の墓所は、ここにありますか」

「ここにはありません。少し南に、天澤院という寺があり、そこが墓所です。山の上なので、道からは見えませんよ」

「ありがとうございます」

正法寺には、数個の墓石しかなく、崖を登るか、曲がりくねった狭い道を行った突き当たりです。こんなシュチュエーションで、寺の生活はどうするのと、俗人は余計なことを考えながら、天澤院探訪へと向かいます。

宝壺山天澤院（常滑水野の墓所は、鷲愕の大寺院）
愛知県常滑市山方町五丁目一〇六

天理教の敷地になってしまった常滑城跡の道の左側を注視しながら南下するが、寺らしきものは見当たらない。

この辺りかなと思う場所で、幸い地元の住民と出会ったのでたずねてみた。

「天澤院は、この辺りですか」

「はい。ここを左折すると駐車場に出るので、後は徒歩で登ってください」

駐車場の左側の狭い坂道を登り、南に進むと「山壺寶」と記した木額を掲げた立派な山門らしきものに出会った。

「この寺の正式名称は、宝壺山天澤院だから、右から記すと『山壺寶』となる。ここは間違いなく山門だ」

「しかし少し変だな。山門の素材に一部コンクリートが……。五百年以上前の日本にコンクリートがあるわけない。補修のため使用したとしても、木材はあり余っているのに……。文化財の補修は、正確な復元が原則。これでは境内もあまり期待できないな」

三河湾に面する緒川の水野本家は、三河湾と伊勢湾をつなぐ陸路と、当時の物流の拠点である伊勢が面する伊勢湾の覇権を目論み、命を受けた水野忠綱は常滑に築城(一四六〇年)、一四七三年には菩提寺として天澤院を開創させます。

常滑城と数キロ離れた大野湊には、伊勢湾の物流を手中にしていた、三河国守護の一色氏の築いた大野城が存在しましたが、一色氏は応仁の乱で勢力が衰退し、尾張守護の土岐氏に城を奪われ、その家来の佐治宗貞(伊勢湾の海賊出身といわれる)が城主になり、佐治と渥美半島から渡来した戸田氏（師崎）とが争っている隙を狙い、水野は常滑に築城しています。

割り込んだ水野は佐治との政略婚姻関係などで、直接の戦を避けています。今の感覚では、わずか数キロの近隣に城が密集しているように思いますが、戦国時代の城同士の間隔はその程度が普通で、戦国大名といわれる輩も六万人ほど存在し、今の町長程度です。

天澤院の山門をくぐると、昼なお暗い、うっそうとした木々のトンネルが百メートル近く続き、それに併進して参拝者の駐車場に続くアスファルト道があります。トンネルを抜けると、これはまた、こんな田舎城主の菩提寺としては、何ともたまげた壮大な楼門が登場します。その規模といい、見事な細工は、そのまま京都に移設しても超一流で通用する出来栄えです。巨額の建造費用や一流の職人を、いったいどのようにして調達したのでしょうか。

天澤院は、本家水野の菩提寺、曹洞宗・宇宙山乾坤院の末寺ですが、本山から資金補助や人材派遣があるとも思えず、謎は深まります。水野本家も久松も、狭い領地で信じ難いほど立派な菩提寺を有しているのもさらなる謎です。

跡目相続に端を発した、実に低次元で、勝敗不明のバカバカしい争いであった応仁の乱は十一年に及び、京の都は焼け野原になり、多くの文化人や商人、また職人などが常滑に移住し、あたかも小京都の様であったことは前述しましたが、水野忠綱が常滑城主となった時期でもあったので、財政が豊かで人材も容易に調達できたのかもしれません。

二階に仏像が奉安されているという楼門をくぐると、正面に千手観音を奉安する立派な本堂が鎮座し、境内には薬師堂、さらには袴腰が白漆喰の鐘楼があります。また、近くに常滑城初代城主水野監物忠剛公並びに御内室の五輪塔が残されています。

私が寺を訪れたのは、日差しの厳しいある夏の日でしたが、境内片隅の納屋では、日焼けした赤ら顔の、衣を腕まくりした住職らしいお人が、薪の整理中でお忙しそうなので、お話をせずに退散しました。

本家水野の菩提寺乾坤院、そして於大再婚先の久松の安楽寺、共に真っ昼間ローソクの火の不始末で全焼、貴重な文化財を、寺の管理に丸投げする体制は直ちに改めるべきと、天澤院が同じ憂き目にあわないことを念じつつ、寺を後にしました。

楠林山和合院安楽寺（於大が剃髪した寺）

愛知県蒲郡市清田町門前

安楽寺は、応永十五年（一四〇八年）創建の浄土宗の古刹で、蒲郡市清田町にあります。於大の再婚相手である久松俊勝が、西の郡上ノ郷城（蒲郡市神ノ郷町）の城主の際（一五六二年三十六歳）、菩提寺としました。大変残念なことに、二〇一五年に於大の位牌が安置されている本堂は、失火のため焼失しています。於大の実家水野家の菩提寺乾坤院の本堂も、二〇一六年に同じく失火により、しかも真っ昼間に全焼しています。

上ノ郷城には於大との次男康元を置き、久松俊勝は岡崎の留守居役を務めていました。水野信元（於大の腹違いの兄）が、謀反の冤罪で誅殺されるとき、久松俊勝は事情を知らされず信元を岡崎まで案内し、後にその背景を知り激怒して上ノ郷城に隠遁します。

その後、久松俊勝は六十一歳で死去します。於大は俊勝の菩提寺安楽寺で剃髪し、伝通院（五十九歳）となり、安楽寺に二年間ほど居住し、その菩提を弔ったとされています。

於大が安楽寺を去ったあと、七十四歳で伏見城で死去するまでの居所はよくわかっていません。

おわりに

於大が生まれたのは、戦国時代のまさに真っ只中で、応仁の乱の後、雨後の筍のように乱立した戦国大名と称する輩は、約六万人といわれ、各々の城の距離は、六キロメートルそこそこが大半でした。

城といっても、姫路、名古屋、彦根城などのような、高い石垣の上に天守閣がそびえる、権勢を形に表した豪華なものではありません。あくまでも戦闘が目的で、外堀を掘った土を土塁とし、二階建ての物見櫓程度が構築物です。

領土の大きさは、米が採れる量、いわゆる石高で示され、この当時の領主（戦国大名）には、形而上的な思考は全くなく、物欲や名誉欲など、私的欲望がすべてで、天下を取るといっても、それは民の幸せのためではなく、戦功著しい家来を大名に取り立てるには、新たな領土が必要などという領土的野心そのものでした。

天下を平定すれば、戦はなくなり、民は戦災から免れ、平和な日々が送れますが、それは結果であって、権力者が、民の平和を目的とした、天下平定ではありません。

戦闘で獲得した領地に暮らす農民は、年貢を納める相手が変わるだけのことです。また農民は丸腰ではなく、武装しており、収める年貢の量なども、上意下達ではなく、領主と話し合いで決められおり、村単位の争い（水利権、いりあい権など）が絶えず、領主の主な仕事は、領内の紛争を、いかに収めるかであったようです。

世界に知られるいわゆる武士道は、江戸期二百六十年の間に、儒教をベースにして培われ、どのような行動が美しく、公益に役立つかなどの武士道的倫理は、幕末に完成し、いわゆる武士、侍という人間像になり、先進諸外国の高い評価を得ました。

徳川幕府が儒教をベースに、忠君愛国の思想教育を始めたのは、徳川が子々孫々末永い権力の維持を図るには、強いもの勝ちの私利私欲一辺倒の、戦国時代的思考を断ち切らないと、家康級の将軍や、土井利勝クラスの重臣が、継続的にあらわれる確証はないので、徳川の天下の継続は難しいと、考えたからでしょう。

於大の生涯は、私的欲望が渦巻く、倫理観など欠片もない時代で、女性は人権どころか、遺伝子さえも無視され、物として扱われていました。狭い領土間で生じる多くの紛争の解決策には、婚姻による姻戚関係が最も手っ取り早いので、政略結婚・離婚は日常茶飯事で、大名の妻や娘が、紛争解決の具とされ、五度も婚姻離婚を繰り返したという事例も数多く存在します。元康（家康）が大高城で孤立したとき、織田側にもかかわらず軍勢を送り、命を救ってくれた義兄の水野信元を、信長の命とはいえ、元康（家康）が謀殺した暴挙などは、損得や物欲などの野心のすべてが、権力者に求められる素質であったこの時代では、暴挙ではなかったのかもしれません。

岡崎の松平との政略結婚は、水野の織田側追従により政略離婚となり、於大は竹千代を残して岡崎に帰され、刈谷城の東側の椎の木屋敷での生活の後、阿久比の坂部城主、久松俊勝と再婚（政略結婚）します。俊勝と於大は夫婦円満であったようで、三男四女に恵まれ幸せな日々送ります。久松俊勝は、息子に城主を譲り、岡崎の留守居役として蒲郡上ノ郷城主でこの世を去り、蒲郡の安楽寺に葬られました。於大はその後何年か安楽寺で暮らし、俊勝の菩提を弔いますが、寺の記録には、その詳細は残っていません（安楽寺は、近年失火で全焼しています）。

関ヶ原の合戦に勝利した家康は、天下人の道をひた走り、於大は晩年のわずかな期間を伏見城で楽しみ、当時としては大変な高齢の七十四歳で没します。

戦国の無情な世を生きた女性の生涯としては、義兄信元が、我が子家康に殺されるなどという悲劇はありましたが、全体的には幸せな人生だったといえるでしょう。

主な参考文献

『現代語訳　信長公記』太田牛一　中川太古　訳　角川文庫
『現代語訳　三河物語』大久保彦左衛門　小林賢章　訳　ちくま学芸文庫
『徳川家康』藤井讓二　吉川弘文館
『徳川家康生母　伝通院殿於大の方』村瀬正章　愛知県刈谷市教育委員会
『徳川家康の生母　於大の歴史と遺跡めぐり』村瀬正章　中日出版社
『改訂戦国時代絵巻　徳川家康の母　於大の方と水野氏』愛知県知多郡東浦町教育委員会
『改訂東浦歴史散歩』愛知県知多郡東浦町教育委員会

鷲塚貞長（わしづか　さだなが）

神戸市生まれ名古屋市在住。ワシヅカ獣医科病院院長。獣医学博士。

ＳＣＲ（Street Cat Rescue Society）協会会長。名古屋ＥＣＯ動物海洋専門学校教育顧問。社団法人日本ペンクラブ会員。日展陶芸作家（入選六回）。

一九九四年、藍綬褒章受章。

社団法人名古屋市獣医師会元会長、中部獣医師会連合会元連合会長、社団法人日本獣医師会元理事、名古屋和合ロータリークラブ元会長。

著書に『エディンバラのボビー』（ＫＴＣ中央出版）、『関宿　東海道五十三次亀山あたり』（ゆいぽおと）など。

装丁　小寺剛（リンドバーグ）
写真協力［東浦町、刈谷市、阿久比町］
水崎薫（三晃社コミュニケーションデザイン）

家康の母　於大　その生涯と背景を史跡探訪で明かす

２０２０年11月22日　初版第１刷　発行

著　者　鷲塚貞長
発行者　ゆいぽおと
〒４６１-０００１
名古屋市東区泉一丁目15－23
電話　０５２（９５５）８０４６
ファクシミリ　０５２（９５５）８０４７
http://www.yuiport.co.jp/
発行所　ＫＴＣ中央出版
〒１１１-００５１
東京都台東区蔵前二丁目14－14
印刷・製本　モリモト印刷株式会社

内容に関するお問い合わせ、ご注文などは、すべて右記ゆいぽおとまでお願いします。

乱丁、落丁本はお取り替えいたします。


ISBN978-4-87758-490-0 C0021